Rheinisch-Westfälische Akademie der Wissenschaften

Geisteswissenschaften   Vorträge · G 245

Herausgegeben von der
Rheinisch-Westfälischen Akademie der Wissenschaften

JÜRGEN UNTERMANN

Trümmersprachen zwischen
Grammatik und Geschichte

Springer Fachmedien Wiesbaden GmbH

245. Sitzung am 16. Januar 1980 in Düsseldorf

CIP-Kurztitelaufnahme der Deutschen Bibliothek
Untermann, Jürgen:
Trümmersprachen zwischen Grammatik und Geschichte: / Jürgen Untermann.

(Vorträge / Rheinisch-Westfälische Akademie der Wissenschaften: Geisteswiss.; G 245)

ISBN 978-3-531-07245-6   ISBN 978-3-663-14293-5 (eBook)
DOI 10.1007/978-3-663-14293-5

Additional material to this book can be downloaded from http://extras.springer.com

© 1980 by Springer Fachmedien Wiesbaden
Ursprünglich erschienen bei Westdeutscher Verlag GmbH Opladen 1980

ISSN 0172–2093
ISBN 978-3-531-07245-6

Inhalt

Günter Neumann
zum 31. Mai 1980

Das Thema dieses Berichtes, 'Trümmersprachen', ist eine vielleicht etwas unseriöse Bezeichnung, – aber sie ist handlicher als ihre wissenschaftlich klingende Variante 'Sprachen mit fragmentarisch erhaltenem Corpus', und sie ist treffender als der heute üblich werdende Terminus 'Restsprachen': Wir haben es nicht mit Resten von Sprachen, sondern mit trümmerhafter Überlieferung von voll funktionstüchtig zu denkenden Sprachen zu tun.

1. Definition

Es gibt Sprachen, zu denen man vollständige Grammatiken verfassen kann, weil man sie vollständig versteht – das können moderne Sprachen sein, deren Sprecher man jederzeit um Informationen bitten kann[1]; das gilt für sogenannte Corpussprachen wie Latein und Griechisch, von denen uns zwar viele Äußerungsbereiche unwiederbringlich verloren sind, für die wir aber doch eine vollständige Morphologie und eine allen wichtigen Aufgaben genügende Syntax und ein für alle zentralen Belange ausreichendes Lexikon aufstellen können. Beim Umgang mit Corpussprachen von einem bestimmten Mindestumfang an erhaltenen Texten gibt es so etwas wie eine interne Kettenreaktion des Verstehens, eine Art Kompetenzerwerb durch den heutigen Linguisten und Philologen.

Von solchen Sprachen führt ein kontinuierlicher Weg zu immer schlechter bezeugten Sprachen. Irgendwo wird eine Grenze überschritten: wenn man die Wörter für *Schwester* und *Schwager*, für *lieben* und *hassen*, für *Berg* und *Tal* nicht kennen lernt, wenn wir Belege für die Formen der ersten und zweiten Person des Verbums nur noch in wenigen Paradigmen belegt finden, wenn wir nicht wissen, wie ein konzessiver Nebensatz ausgedrückt wird, dann darf man mit einigem Recht von einer 'Trümmersprache' sprechen, – alle soeben aufgezählten Mängel beziehen sich auf das Oskisch-Umbrische, eine antike Nachbarsprache des Lateinischen, von der uns immerhin 1500 verschiedene lexikalische Eintragungen und über 200 verschiedene Elemente morphologischer Paradigmen erhalten sind. Wenn Textcorpora nicht groß genug sind oder zu sehr eingeschränkt auf enge Sachgebiete oder so heterogen, daß kein

Einzeltext zum Verständnis eines anderen Einzeltextes der gleichen Sprache etwas beizutragen vermag, dann bleibt die erwähnte interne Kettenreaktion des Verstehens aus. Die Sprachzeugnisse werden zu Fragmenten, deren Stelle in dem Gebäude, zu dem sie gehört haben, nur selten genau, meistens nur ganz vage und oft überhaupt nicht mehr nachgewiesen werden kann.

2. Zugänge zur Deutung von 'Trümmersprachen'[2]

Trümmersprachen können bis zu einem gewissen Grade aufgehellt werden, und viele sind zu einem erstaunlich hohen Prozentsatz des überlieferten Materials verständlich gemacht worden. Aber dieser Prozentsatz hängt weniger von internen Kombinationen als von äußeren Hilfen ab. Solche Hilfen sind verschiedener Art: Vorwissen über die mögliche Zweckbestimmung von Texten oder Inhalte, die aus dem Gegenstand, auf dem sie erscheinen, zu ersehen sind oder – die wichtigste und wirksamste Hilfe – die Vergleichbarkeit mit anderen, besser bekannten Sprachen, sei es, daß ganze Textabschnitte übersetzt werden in Gestalt von zweisprachigen Dokumenten, Bilinguen, sei es, daß einzelne Wörter und Wortelemente ähnlichen Elementen in anderen Sprachen gegenübergestellt werden können und aus dieser formalen Ähnlichkeit eine Ähnlichkeit des Inhalts abgeleitet werden kann. Dieser letztgenannte Vergleich mit anderen Sprachen kann sich auf einzelne Bestandteile beschränken – Personennamen, Ortsnamen, Lehnwörter – er kann auch ganze Sprachsysteme betreffen: wir können feststellen, daß die zu untersuchende Sprache mit anderen Sprachen verwandt ist, daß sie zu einer Sprachfamilie gehört. Die Arbeit an Trümmersprachen wird dann zur Aufgabe der vergleichenden Sprachwissenschaft, und sobald es sich um Ähnlichkeiten mit sogenannten indogermanischen Sprachen – Lateinisch, Keltisch, Griechich usw. – handelt, ist es der Indogermanist, der sich um ihre Erschließung zu kümmern hat.

Die verschiedenen soeben skizzierten Verfahren sollen nun zunächst an Beispielen dargestellt und dann im Hinblick auf ihren Wert für die sprachliche und geschichtliche Auswertung erörtert werden.

3. Vorrömische Sprachen des südlichen Westeuropa

3.1 Überlieferung

So gut wie alle Dokumente der Sprachen, die wir in Westeuropa für die Zeit vor der Latinisierung kennen, sind durch Bodenfunde auf uns gekommen: Inschriften auf Steinen, Blei- und Bronzeplatten, Keramik, Münzen. Der Wert dieses Quellentyps liegt auf der Hand: er gibt lokale Daten durch die Fundorte, zeitliche durch die archäologische Stratigraphie; die sprachliche Form und deren graphische Übermittlung dürfen den Leuten zugeschrieben werden, die zur gegebenen Zeit am gegebenen Ort gelebt und gesprochen haben. Neben dieser als epigraphische Quellen zusammengefaßten Überlieferung gibt es im hier ausgewählten Raum nur ganz wenige andersartige Zeugnisse: einige Vokabeln bei lateinischen oder griechischen Philologen und Antiquaren – sogenannte Glossen – und die in jeder Hinsicht singuläre Erhaltung eines etruskischen Ritualtextes auf einem Leinenstreifen aus Ägypten, der heute in Zagreb aufbewahrt wird – bekannt als Agramer Mumienbinde.

3.2 Fundorte

Karte 1 zeigt die Fundorte von Inschriften, deren Sprache aller Wahrscheinlichkeit nach am jeweiligen Ort von einheimischer Bevölkerung gesprochen worden ist[3]; ausgeschlossen bleiben Zeugnisse griechischer oder phönikischer Kolonisatoren und römischer Eroberer. Alle Sprachen, deren Zeugnisse hier eingetragen sind, sind Trümmersprachen im eingangs definierten Sinne. Zeitunterschiede sind im Kartenbild nicht berücksichtigt: die ältesten Funde stammen aus dem 8. Jhd. v. Chr., die jüngsten aus dem ersten nachchristlichen Jahrhundert; weitaus der größte Teil der Denkmäler ist zwischen etwa 300 und etwa 50 v. Chr. entstanden. Die verschiedenen Symbole deuten die Zahl der Funde am einzelnen Fundort an.

Die größte Dichte weist Italien auf; nur das westliche Oberitalien bleibt leer. Von den großen Inseln habe ich Sizilien besonderer Probleme wegen aus der Betrachtung ausgeschlossen[4], Sardinien und Corsica haben keine Funde erbracht. Ebenso leer sind die Alpen zwischen Mittelmeer und Rhein. Die Küstenzone von der Rhonemündung bis in den Raum von Alicante und noch einmal in Südportugal ist wieder etwas stärker besetzt, alle übrigen Gebiete weisen verstreute Fundorte auf; der Norden von Spanien bleibt ohne Eintragungen.

3.3 Alphabete

Karte 2 macht sichtbar, in welchen Schriften die Sprachen auf diesen Inschriften wiedergegeben werden. Alle hier verwendeten Schriften setzen die Erfindung des griechischen Alphabets voraus. Dessen älteste Adaption im Westen ist das etruskische Alphabet, in einzelnen Zeugnissen schon im 8. Jhd. v. Chr. nachweisbar: die meisten im eigentlichen Etrurien, die nördlichsten Belege in Mailand, Piacenza und Adria, die südlichsten in Campanien. Vom etruskischen Alphabet werden in mehreren Phasen einige lokale Schriften abgeleitet[5], drei verschiedene in Oberitalien, ein sehr weit verbreitetes Alphabet in Mittelitalien, eine Sonderform an der Adriaküste.

Direkt von griechischen Kolonien werden andernorts wenig oder gar nicht veränderte griechische Alphabete[6] übernommen: in den süditalienischen Landschaften Lukanien, Apulien und Bruttium, im Rhonedelta und im Hinterland von Alicante, dazu ein einzelner Beleg in Zentralgallien. Fast ganz auf die Pyrenäenhalbinsel beschränkt bleibt die iberische Schrift; in ihr sind griechische und punische Elemente zu einer eigenartigen, aus Silben- und Einzellautzeichen zusammengesetzten Schrift verbunden[7], eine nordöstliche Variante entlang der Mittelmeerküste von Béziers in Südfrankreich bis Valencia und im Binnenland bis nach Altkastilien hinein; eine südliche Variante zwischen Alicante und dem östlichen Andalusien, im Südwesten die stärker abweichende südlusitanische Schrift. Schließlich, seltener werden – in Hispanien, in Gallien und an einigen wenigen Stellen in Italien – vorrömische Sprachen durch das lateinische Alphabet wiedergegeben.

Was die Lesbarkeit dieser Schriften betrifft, sind wir in einer günstigen Lage: abgesehen von gewissen orthographischen Einzelheiten sind uns alle diejenigen Schriften voll zugänglich, die direkt aus dem griechischen Alphabet abgeleitet sind. Die einzige Schrift, für die das nicht gilt, ist die iberische: sie wurde erst zu Beginn der zwanziger Jahre dieses Jahrhunderts durch den spanischen Gelehrten MANUEL GÓMEZ MORENO entziffert[8], – ihre nordöstliche Form ist seitdem mit nahezu völliger Gewißheit zu transkribieren, in den beiden südlichen Varianten gibt es noch einige ungelöste Fragen[9].

3.4 Die Sprachen

Um die epigraphischen Quellen zum Gegenstand historischer und sprachwissenschaftlicher Auswertung machen zu können, bedarf es nun weiterer Stufen der Erschließung. Eine erste ist die der Identifikation: bei gegebenen Dokumenten ist zu fragen, ob und wie weit sie mit anderen Dokumenten zu Quellen *einer* Sprache zusammengefaßt werden können, und welche deren kennzeichnende Merkmale sind. In günstigen Fällen wird man von der Identifikation zur grammatischen Beschreibung der Sprachen weitergehen, die dann auch wieder bald bei elementaren, wenig aussagekräftigen Feststellungen stecken bleibt, bald bis zu recht umfangreichen Einsichten in den Inhalt unserer Texte voranschreiten kann.

Karte 3 schickt die Ergebnisse der Identifikation voraus. In Italien erweist sich der Gebrauch der etruskischen Schrift als genaues Korrelat *einer* Sprache,

der etruskischen Sprache[10]. Das Alphabet, das neben dem etruskischen die
weiteste Verbreitung in Mittelitalien zeigt, gibt drei deutlich verschiedene
Dialekte einer Sprache wieder – das Umbrische im Norden[11], das Faliskische
in Falerii am unteren Tiber[11a], das Oskische im Süden[12]. Das Umbrische und
das Oskische werden außerdem auch durch das lateinische Alphabet dargestellt[13], die oskische Sprache außerdem noch durch griechische Buchstaben[14].
Die griechische Schriftprovinz in Süditalien umfaßt ihrerseits wiederum nicht
nur oskische Denkmäler, – in Apulien tritt in gleicher Schrift eine völlig andere Sprache auf, die man als messapisch bezeichnet[15]. Umstritten ist die Beurteilung der Sprache einiger Inschriften, die, in besonderen Alphabetvarian-
ten geschrieben, an der Ostküste zwischen Rimini und Pescara gefunden wurden[15a]. In Oberitalien entsprechen dem Gebrauch der drei Schriftvarianten
jeweils gesonderte Sprachen (s. unten § 4.3–4.5): das Venetische im Osten,
das sogenannte Rätische in der Mitte, und die sehr einheitliche Schrift der
Denkmäler aus der heutigen Lombardei wird für zwei einander ähnliche,
aber nicht miteinander identifizierbare Sprachen oder Dialekte verwendet,
die man lepontisch und gallisch nennt. Gallisch ist auch die Sprache der griechisch und lateinisch geschriebenen Inschriften aus Frankreich[16]. Bei der Entzifferung der iberischen Schrift kam ein überraschendes Ergebnis heraus: sie
gibt erstens eine relativ einheitliche Sprache entlang der Küste wieder, das
Iberische (s. unten § 4.1), und zweitens eine völlig andere, im kastilisch-
aragonesischen Binnenland: das Keltiberische (s. unten § 4.2); mit diesem
scheint die Sprache der wenigen Texte in lateinischem Alphabet aus dem
Norden Portugals nahe verwandt zu sein. Unklar ist noch immer die Identität der Sprache, die sich der südlusitanischen Variante der iberischen Schrift
als Medium bedient.

Zum Abschluß noch kurz der komparatistische Befund[17], der nachher in
einigen Details noch weiter erläutert werden soll: das Oskische und das Umbrische sind einander ziemlich ähnliche indogermanische Sprachen, die man
als italische Dialekte zusammenfaßt; das Venetische in Oberitalien und das
Messapische in Apulien sind vermutlich jeweils selbständige indogermanische
Sprachen. Das Lepontische, das Gallische und das Keltiberische sind Dialekte
des Altkeltischen, frühe Bezeugungen der Sprachengruppe also, die heute
durch das Irische, Kymrische und Bretonische bekannt ist. Das Etruskische
und das Iberische sind nicht-indogermanische Sprachen und untereinander
ohne jede Ähnlichkeit.

Der Bestandsbeschreibung für das gesamte Südwesteuropa mögen nun einzelne Beispiele folgen.

4. Beispiele

4 1 Iberische Inschriften[18]

GM. 23 (Fraga)	*aloŕiltu⟨n⟩. belaśbaiser eban:* ⟨s⟩*eltaŕerker m̄i:* *a⟨r⟩eteikeoen.ar m̄i*
GM. 47 (Sagunt)	*balkeatin.isbetaŕtiker.ebanen*[
GM. 15 (S. Perpetua de la Moguda)	*baśtaneś.obaintaneś ebanen:* *auŕuninkika oŕtinseikika:sibaitin*
GM. 40 (Iglesuela del Cid)	*ikonm̄kei m̄i iltubeleś eban*
GM. 42 (Cabanes)	*iltiŕbikis en:seltar m̄i*
GM. 76 (Sinarcas)	*baisetaś iltutaś ebanen m̄i* *seltar ban m̄i*

Alle hier vorgeführten Texte stehen auf Stelen, die vermutlich Grabsteine gewesen sind. Der Schlüssel zu ihrer Analyse sind Personennamen[19]; in den oben wiedergegebenen Texten sind sie durch Sperrdruck kenntlich gemacht. Wir wissen etwas über das im iberischen Sprachgebiet gebrauchte Repertoire von Personennamen aus lateinischen Inschriften des gleichen geographischen Raumes, vor allem aber aus einer in Rom gefundenen, in Asculum an der Ostküste Italiens verfaßten lateinischen Inschrift, auf der dreißig hispanische Reiteroffiziere mit meist zweigliedrigen Namen genannt werden – die berühmte Bronze von Ascoli, CIL. I² 709, aus dem Jahre 89 v. Chr.[20]. Eine Person wird in der Regel durch zwei Namen hintereinander bezeichnet. Aus Ascoli wissen wir, daß der zweite Name der Name des Vaters ist. Er wird dort wie hier nicht durch formale Mittel vom Eigennamen des Benannten unterschieden –

> *bastanes obaitanes*
> *baisetas iltutas,*

offenbar genügte die Reihenfolge als Kennzeichen der grammatischen Hierarchie, ein Verfahren, das in älteren indogermanischen Sprachen nicht bekannt ist. Das Wort *eban* und seine Variante *ebanen* kommen nur auf Grabsteinen vor; wir wissen aber nicht, was es genau bedeutet: vielleicht 'ist gestorben' oder 'wurde bestattet' oder sonst etwas in dieser Richtung. Wir wissen auch nicht, was die Silbe *en* signalisiert, die, wie hier auf der Inschrift aus Cabanes, auch direkt an Personennamen antreten kann[21]. Auf drei Denkmälern erscheint die Silbe *m̄i*, die – stets als Suffix angefügt – in Besitzerangaben auf Keramik geläufig ist und so etwas wie 'gehört dem . . .', 'ist Eigentum von . . .' bedeuten muß[22]. Soviel mag genügen, um zu zeigen, wie es mit der Entzifferung der iberischen Texte steht: wir gelangen zwar zu weitmaschigen Funktionsbestimmungen, wir sind aber außerstande, Wortbedeutungen und Satzstrukturen zu erkennen[23].

4.2 Keltiberische Inschriften[24]

Besser durchschaubar sind die in der gleichen Schrift geschriebenen keltiberischen Denkmäler aus dem hispanischen Binnenland.

Luzaga	*aŕekoŕatikubos.kaŕuo.kenei*
	koŕtika.lutiakei.aukiś.baŕasioka.
	eŕna.uela.tikeŕsebos.śo
	ueisui.belaiokumkue
	keniś.kaŕikokue.keniś
	śtam.koŕtikam.elasunom
	kaŕuo.tekes.śa.koŕtika
	teiuoŕeikiś
Ibiza	*tiŕtanos abulokum letontunoś ke belikioś*
Paris	*luboś alisokum aualo ke kontebias belaiśkas*

Die Inschrift aus Luzaga[25] steht auf einer Bronzetafel, dem äußeren Ansehen nach am ehesten eine *tessera,* also eine Urkunde über einen Vertrag oder dergleichen. Die Gesamtdeutung[26] ist auch hier noch in weiter Ferne; es lassen sich aber doch einige weiterführende Beobachtungen anstellen: ein Wort *koŕtika,* was immer es heißen mag[26a], wird bei der ersten Nennung allein gesetzt, bei der zweiten und dritten geht ein Element voraus, das sich leicht als anaphorisches Pronomen verstehen läßt, also als Signal dafür, daß das damit verbundene Wort bereits in den Text eingeführt worden ist. Diese Funktion erfüllt im Griechischen und den germanischen Sprachen der bestimmte Artikel, und nun läßt sich auch formal die Identität wahrscheinlich machen: *śa* im Nominativ Singular entspricht genau griechisch ἡ und gotisch *sō; śtam* kann Akkusativ dazu sein, also gr. τήν und gotisch *þo* entsprechen, nur daß hier der Anfangslaut der Nominativform, *s-,* auch auf den Akkusativ übertragen worden wäre[27]. Alles dies paßt genau zu einer indogermanischen Sprache, und – wenn dies einmal festgestellt ist – wird man auch *kue* als enklitisches Wort für 'und' mit lat. *que,* griechisch τε vergleichen und die

Endung des ersten Wortes, -bos, als Dativ- oder Ablativ-Plural-Endung ansehen wollen; durch keltiberische Münzlegenden wird uns der Nominativ-
Plural *arekoratikos̓* als Name eines Stammes in Keltiberien bezeugt[28].

Die beiden anderen Texte, von denen einer nicht in Keltiberien gefunden,
einer nach Paris verschlagen wurde[29], enthalten das keltiberische Formular
für Personenbenennungen, dessen Elemente aus vielen lateinischen Inschriften aus Zentralspanien bekannt sind[30]. Auf den Individualnamen einer Person im Nominativ-Singular, *tirtanos, lubos*, folgt ein Familienname im Geni-
tiv-Plural mit der Endung -*um*, in aller Regel mit einem Suffix -*oko*-, wie
hier (oder -*iko*-) von einem Individualnamen abgeleitet; dahinter steht der
Individualname des Vaters im Genitiv-Singular, *letontunos*, Genitiv von
letonto, aualo Genitiv von *aualos*[31]. Als nächstes folgt ein noch nicht gedeu-
tetes Wort *ke* und den Schluß bildet eine Heimatangabe, im einen Fall ein
Stammesname im Nominativ-Singular, *belikios*, im andern Fall der Name
einer Stadt, *Contrebia Belaesca*, im wohl ablativisch zu verstehenden Genitiv-
Singular, *kontebias belaiskas*. Beide Herkunftsangaben kehren auf keltiberischen Münzen wieder[32], nennen also Orte im keltiberischen Sprachgebiet.
Diese beiden Inschriften sind die wichtigste Basis für unsere Kenntnis der
keltiberischen Nominalflexion.

Versucht man eine komparatistische Einordnung, so bieten sich tatsächlich
Beziehungen zu den keltischen Sprachen an, in den hier zitierten Denkmälern
zwar nur in Eigennamen – *teiuoreikis* am Ende der Inschrift von Luzaga
wird mit einem gall. Personennamen *Devorix* gleichgesetzt, *Contrebia* enthält das keltische Element *treb*- 'wohnen', aber dieser Befund wird auf anderen keltiberischen Inschriften deutlich auch durch Appellativa und vielleicht
sogar durch Verben bestätigt[33].

4.3 Venetische Inschriften[34]

Im Osten Oberitaliens stimmen eine archäologisch gut zu fassende mate-
rielle Kultur – die Este-Kultur –, das Verbreitungsgebiet eines Alphabets,
ein mit diesem übereinstimmendes Sprachgebiet und Nachrichten römischer
und griechischer Geographen zusammen: Plinius und Ptolemäus weisen die
Städte *Ateste, Patavium, Opitergium, Bellunum* und *Vicetia* und einige weitere den Venetern zu, also die heutigen Orte Este, Padua, Oderzo, Belluno
und Vicenza – alles Fundorte von Inschriften, die wir deshalb mit gutem
Grund als venetisch bezeichnen dürfen[35]. Einige Beispiele aus den 270 erhaltenen Inschriften:

Es 25   *mego donasto voltiiomnos iiuvants ariiuns*
        śainatei reitiiai
Es 23   *mego donasto eb vhabaitśa porai op iorobos*
Ca 20   *aviro broiiokos doto donon śainatei*
Vi 4   *alkomno metlonśikos enogenes vilkenis*
        horvionte donasan
Es 122 *ego vhontei ersiniioi vinetikaris vivoi*
        olialekve murtuvoi atisteit

Mit Sicherheit auszusondern (und hier wieder durch Sperrung gekennzeichnet) sind die Personennamen, deren Repertoire und Formular wir recht genau kennen[36]; meistens führt eine Person einen Vornamen und einen Nachnamen. Daneben ist in Votivinschriften – hier in zwei Belegen angeführt – die Formel *mego donasto* enthalten: *mego* ist mit dem ebenfalls oft bezeugten *ego* – hier in Es 122 – zum Paradigma des Personalpronomens *ich, mich* zu vereinigen: es gleicht den germanischen Formen – gotisch *ik*, Akkusativ *mik* – bis in Einzelheiten hinein. *donasto* ist auflösbar, erstens in das Substantiv *donom*, mehrfach belegt, hier auf Ca 20, und durch die formale Übereinstimmung mit lateinisch *dōnum*, irisch *dán*, sanskrit *dānam* gedeutet, zweitens in das Suffix -*ā*-, das auch im Lateinischen, Germanischen, Keltischen denominative Verben bildet, drittens in das Suffix -*s*-, das im Keltischen, Lateinischen, Griechischen, Altindischen und anderswo Präteritalstämme kennzeichnet, und viertens in die Verbalendung der 3. Person-Singular im Nicht-Aktiv, -*to*, die man im Griechischen und im Sanskrit wiederfindet. *donasto* bedeutet also, wenn diese Vergleiche stimmen, 'er machte ein Geschenk', und zwar 'in seinem eigenen Interesse'. Auf die Verbalphrase *mego donasto* und den Personennamen als Subjekt folgen Namen von Göttinnen im Dativ-Singular *śainatei reitiiai* und *porai*, die wir alle aus mehreren Belegen kennen[37]. In Es 23 steht am Schluß noch *op iorobos:* man erkennt die Dativendung des Plurals -*bos*, die lateinisch -*bus* und dem vorhin zitierten keltiberischen -*bos* zur Seite gestellt wird, und *op*, das man als Präposition versteht und mit lateinisch *ob* vergleicht; über die Bedeutung des Wortes *ioro*- gibt es nur vage Vermutungen. Das Wort *donon* mit der Bedeutung 'Geschenk' erscheint in Ca 20 als Akkusativobjekt von *doto*, das man mit der griechischen Aoristform ἔδοτο 'er gab, in seinem eigenen Interesse' vergleichen kann. Also: 'Aviro Broiokos gab das Geschenk der (Göttin) Sainatis (zu seinem eigenen Wohl)'. Vi 4 steht auf einer bronzenen Schale[38]: auf zwei jeweils zweigliedrige Personenbenennungen, *alkomno metlonśikos* und *enogenes vilkenis*[39], folgt eine ungedeutete Einheit *horvionte*, und den Schluß bildet *donasan:* das ist genau die Form, die wir in der 3. Person-Plural im Aktiv neben *donasto* als einer 3. Person-Singular-Nicht-Aktiv erwarten müssen: *donasan* läßt sich ohne besondere Zusatzhypothesen mit der vorauszusetzenden indogermanischen Form *dōnā-s-ṇt* in Einklang bringen. Die Pluralform paßt zu den zwei Personen als Subjekten; die Aktiv-Form könnte man dadurch zu motivieren versuchen, daß hier nicht – wie bei den Texten mit *donasto* und *doto* – eine Weihung an Götter, sondern ein Geschenk an einen irdischen Freund beschriftet wird[40].

Bei Es 122 handelt es sich um die Aufschrift auf einem ovalen Stein unbekannter Bestimmung[41]: sie scheint aus zwei Sätzen zu bestehen: erst *ego* 'ich' im Sinne von 'ich gehöre' verbunden mit dem Dativ eines zweigliedrigen Besitzernamens, *vhontei ersinioi*. Dann zwei parallele Syntagmen, verbunden durch enklitisches *kve* 'und' und zusammengesetzt aus zwei ungedeuteten Wörtern[42] *vinetikaris* und *oliale* und aus zwei Dativformen, für die sich dem Indogermanisten der Vergleich mit lat. *vīvus* und *mortuus* und mit altkirchenslavisch *živъ* und *mrъtvъ* 'lebendig' und 'tot' aufdrängt: eine Deutung, die eben durch die Parallelität der beiden Wörter unterstützt wird. Das letzte Wort ist möglicherweise eine Verbalform, und zwar eine des Verbums *stā-* 'stehen', entweder die Wurzel allein mit einem Präverb *ati-* oder die reduplizierte Form des Präsensstammes *tista-* mit einem Präverb *ā-* oder *ad-*. Wendet man unsere Kenntnis von der indogermanischen Morphologie auf die dritte Silbe an, dann könnte man zum Beispiel in *t* die Personalendung der 3. Person-Singular-Aktiv und in *i* das Suffix des Optativs sehen und vermuten, daß das in der Wurzelsilbe vorauszusetzende *a* – also *sta-* – durch das folgende *i* assimilatorisch zu *e* gehoben worden ist[43].

$$ati + sta + i + t$$
$$a + tista + i + t$$
$$a \rightarrow e/\_i$$

Sinn des Satzes also: 'Der *vinetikaris* möge dem Lebenden und das *oliale* möge dem Toten zur Seite treten' oder so ähnlich? Man beachte, welche Fülle von immer weniger zwingenden Hypothesen in eine solche Deutung eingehen und wie wenig wir behaupten dürfen, diesen venetischen Satz tatsächlich zweifelsfrei verstehen zu können.

Um kurz zusammenzufassen: viele Elemente des Venetischen fordern den Vergleich mit der indogermanischen Morphologie und dem indogermanischen Lexikon heraus, aber, anders als im Keltiberischen, bietet sich nicht nur *eine* andere Sprache als besonders ähnlich an: das Paradigma *ego* – *mego* paßt zum Germanischen, das Gegensatzpaar *vivoi murtuvoi* zum Lateinischen und zum Slavischen, die Verbalformen *donasto* und *donasan* enthalten einiges, was im Griechischen wiederkehrt. So ist man zu dem Schluß gekommen, daß das Venetische eine eigenständige westindogermanische Sprache war, also keiner Subfamilie zugeordnet werden kann[44].

4.4 Rätische Inschriften[45]

Ein kurzer Blick auf die westlich benachbarte Denkmalgruppe im Einzugsgebiet der Etsch zwischen Bozen und Verona: wir nennen sie rätisch, weil Strabo 4,6,8 berichtet, daß in den Südalpentälern zwischen Como und Verona das Volk der Räter gewohnt habe. Die rätischen Inschriften sind mit gerade 100 Exemplaren weniger zahlreich, und sie sind auch meist weniger ausgedehnt als die venetischen.

PID. 211	*niku / φeluriesi φelvinuale*
Mals[46]	*lavisielaviseálu*
PID. 215	(1) *laviseśeli*
	(2) *velχanu / lupnu pitiave / kusenkustrinaχe*
	(3) *φelnavinutalina*
PID. 229	*riþiekerrinake*
PID. 224	*ritiekuśiþu*
PID. 227	*reitemu.iuþinaχe*

Die Inschrift 215 auf einem Bronzegefäß *kann* zu einem Grab gehören, die übrigen stehen auf Votivgegenständen. Es scheint zweiteilige Namen zu geben[47], in denen bestimmte Bestandteile wiederholt werden, ein Suffixelement -al- und einige lexikalische Elemente wiederkehren: *φeluriesi φelvinuale, lavisie laviseálu, φelna vinutalina*. Keines der venetischen Formelwörter oder morphologischen Elemente kommt vor; auffallend sind demgegenüber Ähnlichkeiten mit dem, was wir vom Etruskischen wissen: *velχanu* in 215 (2) erinnert an das verbreitete etruskische Personennamenwort *velχa*; *lupnu* an etruskisch *lupu* oder *lupuke*, in denen man Verben mit der Bedeutung 'sterben' oder 'gelebt haben' vermutet. Dreimal in unseren Beispielen und noch einige Male sonst sind an letzter Stelle Formen auf -*ake*, -*aχe* erhalten: -*ke* begegnet als ein Suffix des Etruskischen, das Verbalformen bildet. Man kann also nicht umhin, sich der Nachricht zu erinnern, die bei Livius und Plinius steht, *Raetos Tuscorum prolem esse arbitrantur* 'man nimmt an, daß die Räter Nachkommen der Etrusker sind'[48]. Damit findet die geographisch-begründete Verbindung unserer Inschriften mit dem Etikett 'rätisch' eine durch sprachliche Beobachtungen nahegelegte Beziehung zu einer antiken ethnographischen Überlieferung.

4.5 Inschriften im 'lepontischen' Alphabet

Wieder andere Probleme zeigen die vorrömischen Sprachdenkmäler aus der heutigen Lombardei. Alle sind in ein und demselben etruskoiden Alphabet, in der sogenannten 'lepontischen' Schrift geschrieben; zwei sondern sich aber durch ihre äußere Form und, wie sich gleich zeigen wird, wohl auch durch sprachliche Eigenheiten ab: die Inschriften aus Briona und Vercelli; zu ihnen gesellt sich noch eine dritte, weit entfernt gefunden – ein Stein aus Todi in Umbrien[49]. Diese drei sind, jeweils die ganze Fläche bedeckend, auf Steinplatten eingehauen, zwei von ihnen sind lateinisch-einheimische Bilinguen. Alle übrigen Texte zeigen eine eigenartige Anordnung der Buchstaben in Schriftbändern auf Grabstelen und auf Tongefäßen. Man hat diese mit dem Namen des Alpenvolkes der Lepontier verbunden[50], dessen Siedlungsgebiet sich in das Land um die lombardischen Seen erstreckt zu haben scheint. Für die Denkmäler aus Briona, Vercelli und Todi ist die Bezeichnung 'gallisch' üblich geworden.

4.5.1 Lepontische Inschriften[51]

Zunächst einige lepontische Texte. Vorauszuschicken ist, daß das Alphabet keinen Unterschied in der Schreibung von stimmhaften und stimmlosen Okklusiven machen kann, *k* steht für *k* und *g*, *p* steht für *p* und *b*, *t* steht für *t* und *d*. Die Personennamen sind durch Sperrdruck hervorgehoben.

PID. 321   *metelui maeśilalui uenia metelikna*
           aśmina krasanikna

PID. 269   *slaniai.uerkalai.pala*
           tisiui.piuotialui.pala

PID. 300   *pelkui.pruiam.teu.karite*
           iśos.kalite.palam

Die Vaseninschrift 321 zeigt drei zweigliedrige Personenbenennungen, jeweils ein einfacherer Vorname und ein mit den Suffixen *al* oder *kn* abgeleiteter Nachname. Nehmen wir die ebenfalls zweigliedrigen Namen auf der Inschrift 269 hinzu, sehen wir, daß eine Verknüpfung der Namenpaare auf -*a* und -*ai* zu einem der indogermanischen Grammatik entsprechenden Paradigma aus Nominativ und Dativ vermutlich weiblicher Namen auf -*a* naheliegt; -*ui* kann die Dativendung von Männernamen auf -*os* sein. *pala* auf 269, auf 300 *palam* muß so etwas wie 'Grab', 'Bestattung' oder 'Grabstein' bedeuten. *-am* in *palam* kann als Akkusativ-Singular neben die Endungen *-a* und *-ai* gestellt werden. Dann besteht der erste Teil der Inschrift PID. 300 aus einer Dativ- und einer Akkusativform *pelkui pruiam;* der zweite Teil beginnt mit einer potentiellen Nominativform *iśos* und endet mit einem Akkusativ *palam:* das veranlaßt einige Forscher dazu, in *teu* eine weitere Nominativform und in *karite* und *kalite* Verben in der 3. Person-Singular zu finden. Die Endung der Verben wäre dann entweder aus einem tempus-stammbildenden Suffix *t* – Zeichen des Präteritums wie im Oskischen und in den germanischen Sprachen – und einer Endung der 3. Person-Singular *-e* aus älterem *-et* zusammengesetzt; oder sie könnte mit den indogermanischen Primärendungen *-ti* oder *-toi* identifiziert werden[52]. Wieder ufern die Hypothesen aus; wie Karten zu einem Kartenhaus wird Deutung auf Deutung aufgebaut, und der schlüssige Beweis, daß wir auf dem richtigen Weg sind, bleibt der Zukunft überlassen.

4.5.2 Gallische Inschriften
Die drei sogenannten gallischen Inschriften aus Italien:[53]

Briona	]*tanotaliknoi kuitos lekatos anokopokios* *setupokios esanekoti anareuiśeos tanotalos* *karnitus takos toutas*[
Todi	.... C]OISIS DRVTI F.FRATER EIVS MINIMVS LOCAVIT ET STATVIT

ateknati trutikni karnitu $\left\{ \begin{array}{l} \textit{lokan} \text{ (Seite A)} \\ \textit{artuaś} \text{ (Seite B)} \end{array} \right\}$
koisis trutiknos

Vercelli	FINIS CAMPO QVEM DEDIT ACISIVS ARCANTOCOMATERECVS COMVNEM DEIS ET HOMINIBVS ITA VTI LAPIDES IIII STATVTI SVNT *akisios.arkatokokmaterekos. to** o / kot ** toś* *teuoχ / toni *** neu*[54]

Die erste von ihnen enthält zunächst eine lange Folge von Personennamen, die leicht auf bekannte gallische Personennamenelemente zurückgeführt werden können, ausgenommen *kuitos* und *lekatos; kuitos* kann Schreibung für lateinisch *Quintus* sein, *lekatos* hat man graphisch einwandfrei, aber sachlich ohne jeden Rückhalt mit lateinisch *legatus* gleichgesetzt[55]. *takos* und *touta* bleiben ohne überzeugende Deutung (s. unten § 6.4). *karnitus* ist eine Verbalform in der 3. Person-Plural, der in der Inschrift von Todi und auf einer gallischen Inschrift aus Frankreich die Singularform *karnitu* zur Seite ge-

stellt werden kann; auch die Pluralkennzeichnung durch ein hinzugefügtes -*s*
findet in den gallischen Denkmälern jenseits der Alpen ihre Parallelen[56]. Die
Bedeutung läßt sich durch die Bilingue von Todi eingrenzen: dieses Denkmal
bietet zwei fast gleiche Texte auf jeweils einer der beiden Seiten der Stein-
platte; auf beiden steht zuerst und am Anfang zerstört die lateinische, dann
die einheimische Fassung, letztere hüben und drüben gleich bis auf die Wörter
lokan im einen, *artuaś* im anderen Text, deren Entsprechungen im lateinischen
Teil verlorengegangen sind. So bleiben nur zwei mutmaßliche Übersetzungs-
paare: erstens *koisis trutiknos* bedeutet *Coisis Druti filius*, -*knos* ist also ein
Suffix für Vatersangaben; und zweitens, *karnitu* deckt die Bedeutung der
beiden lateinischen Verben *locavit et statuit* 'gab in Auftrag und stellte auf'.
Darüber hinaus kann man nur noch versuchen, den gallischen Text intern zu
analysieren: der zweigliedrige Name am Schluß ist das Subjekt, *karnitu* ist
Verbum, *lokan* kann Akkusativ-Singular sein; wenn dies zutrifft, muß das
mit ihm austauschbare *artuaś* eine Akkusativ-Plural-Form sein. *ateknati
trutikni* wird als Genitiv-Singular angesehen, dessen Endung -*i* auf Inschriften in Frankreich wiederkehrt und mit den späteren keltischen Sprachen
übereinstimmt: es ist im Übrigen der Name des Bruders, auf den die lateinische Version Bezug nimmt, – *Ategnas*, der Sohn des *Drutus*. Schließlich die
Bilingue aus Vercelli, ein Exempel für Enttäuschung und Verführung durch
zweisprachige Texte. Für *akisios* können wir aus anderen Quellen erschließen,
daß es ein Personenname ist. Auf ihn folgt im gallischen Text das hochinter-
essante Wort – vielleicht eine Berufsbezeichnung – *arkatokokmaterekos* und
der lateinische Übersetzer spielt uns den Streich, es durch *Arcantocomaterecus*
zu übersetzen. Das einzige, was uns festzustellen bleibt, ist die Ähnlichkeit
der ersten drei Silben mit dem gallischen Wort für 'Silber', *arcanto*-[57]. Um-
gekehrt läßt der lateinische Text durch *comunem deis et hominibus* einen in
der syntaktischen Struktur durchschaubaren gallischen Textabschnitt erwarten; zwar ist der letzte Teil des gallischen Textes durch schwer lesbare und
zerstörte Buchstaben beeinträchtigt, aber es ist noch soviel erhalten, daß man
versuchen könnte, das zu Erwartende aus den Fragmenten herauszulesen:
wenn man *toni*[zu einem *o*-stämmigen Substantiv *tonio*- ergänzt, erhält
man ganz genau das Wort *donio*-, das in dem irischen Wort für 'Mensch',
duine, wiederkehrt; *teu* in der Zeile davor könnte Schreibung für *dēvu* sein
und dies die genaue Vorform von altirisch *dia*, Dativ-Singular des Wortes
'Gott'; jetzt braucht man nur noch die Buchstabenfolge *oχ* mit der irischen
Konjunktion *ocus* 'und' zu identifizieren, dann haben wir eine Folge mit der
Bedeutung 'dem Gott und dem oder den Menschen' in unserem gallischen
Text gefunden[58]. Aber so hübsch das aussieht, wir müssen diese ganze Deutung
wieder in den Papierkorb werfen: erstens stimmt sie nur teilweise zur latei-

nischen Version: diese enthält ja zwei Pluralformen, die in unserer gallischen Interpretation nicht, jedenfalls nicht bei dem Wort für 'Gott', erscheinen, zweitens bleibt die Umgebung der von uns herausgegriffenen Zeichenfolge ohne Deutung, und nur eine Interpretation, in der alle Elemente eines Textes ihren Platz finden, darf als zufriedenstellend akzeptiert werden.

4.5.3 Gallisch und Lepontisch

Kehren wir zu den besser gesicherten Beobachtungen zurück, so darf man zusammenfassend sagen: es fehlt nicht an guten Beziehungen zwischen den Inschriften aus Briona, Todi und Vercelli einerseits und den gallischen Inschriften aus Frankreich und den später belegten keltischen Sprachen andererseits[59]: das Vatersnamensuffix -kno- gibt es auch im transalpinen Gallien, ebenso karnitu; die seltsame Pluralbildung -tus neben -tu sieht aus wie eine ursprünglich nominale Pluralbildung – Singular und Plural eines Verbaladjektivs – und erinnert damit an die irischen Passiv-Formen der 3. Person im Präteritum, die aus Verbaladjektiven entstanden sind.

Viel weniger leicht läßt sich ein Fazit für die lepontischen Texte formulieren: das Vatersnamensuffix -kno-, -kna- begegnet auch hier, von den Flexionsendungen des Nomens stimmen -os, -a und, mit einer etwas abweichenden Nasalartikulation, -am in palam und pruiam mit gallischen Endungen überein. Die Verbalformen sehen sehr verschieden aus; sie sind aber so unsicher analysiert und so wenig in systematische Zusammenhänge eingeordnet, daß einer negativen Aussage nicht viel Gewicht zukommt. Bestärkt wird diese Vorsicht durch die Art der lepontischen Sprachdenkmäler – sie sind kurz, stereotyp und sachlich wenig mit den gallischen Inschriften vergleichbar. Man vermag also nicht festzustellen, wie tief die sprachlichen Verschiedenheiten zwischen dem sogenannten Lepontischen und dem oberitalischen Gallisch sind: sind es Dialekte einer Sprache, die dann die gallische wäre[60]? Oder ist das Lepontische eine eigene, von der keltischen Subfamilie völlig zu trennende indogermanische Sprache[61]?

5. Zur Methode der Erschließung

5.1 Die formale Analyse

Ich möchte hier die exemplarische Besprechung trümmersprachlicher Quellen abbrechen und einige zusammenfassende Feststellungen zu den angewendeten Verfahren der Erschließung versuchen.

Der erste Schritt beim Umgang mit Texten in unbekannten Sprachen ist stets die interne formale Analyse: das ist der Nachweis von Segmenten und

Distributionen, von Konstanten und Variablen, von Lautketten bzw., in unserem Fall, von Schriftzeichenketten, die wiederholt und variiert werden und in Paradigmen organisierbar erscheinen. Hier ist zu erinnern an *eban, ebanen* auf den iberischen Inschriften, oder an *-ake* und *-aχe* in rätischen Votivtexten; hierher gehört der Nachweis von Wortfolgen mit gleichen Endungen – keltiberisch *śa kortika*, venetisch *vivoi / murtuvoi*, lepontisch *metelui maeśilalui* –, aus denen wir auf syntagmatische Verknüpfungen innerhalb des Textes schließen können. Das alles sind systembezogene Beobachtungen, die wir für relevant halten, weil wir jeder Sprache, gleichgültig wie fragmentarisch sie uns entgegentritt, systemhafte Eigenschaften zuschreiben.

In zweierlei Hinsicht stößt dieses Verfahren auf Grenzen. Erstens muß man sich klarmachen, daß es nur bei einer bestimmten Art von Texten in ökonomischer Weise anwendbar ist. Man versuche einmal, einen drei Druckseiten langen Abschnitt aus Caesar oder gar Vergil in der beschriebenen Weise zu analysieren und vergleiche das Ergebnis mit dem, was wir an morphologischen und lexikalischen Einheiten brauchen, um die Gesamtheit der Elemente und Konstanten eines solchen Textes zu ordnen. Wenn sich bei unseren Trümmersprachen derartige Analysen als nützlich erweisen, dann nur deshalb und nur so weit, wie wir es mit Dokumenten mit begrenzten und untereinander gleichen Aussagefunktionen zu tun haben, also beispielsweise mit Grabinschriften oder Votivtexten. Sobald man an eine isolierte Textart oder an einen größeren, vielgestaltigen Text gerät, ist man mit analytischen Methoden rasch am Ende: das gilt von der unendlich viel bearbeiteten Agramer Mumienbinde[62] ebenso wie von einer kürzlich gefundenen keltiberischen Bronzeinschrift aus Botorrita[63]; und in den ebenfalls sehr oft untersuchten umbrischen Kultvorschriften auf den sieben Bronzetafeln aus Iguvium sind nur die Kapitel einer internen sprachlichen Erschließung zugänglich, in denen der Inhalt viele Wiederholungen und Parallelisierungen von Textteilen mit sich bringt[64].

Zum zweiten müssen wir feststellen: soweit man das Auffinden und Ordnen von Konstanten, Variablen, Distributionen, Kongruenzen auch treiben mag, man gelangt damit zwar zu einer Identifikation der betreffenden Sprache, nicht aber zu Erkenntnissen über die Bedeutung, die der gegebene Text zu übermitteln hat.

5.2 Die komparatistischen Möglichkeiten

Es sind, wie oben § 2 schon angedeutet, Quellen in anderen Sprachen, auf die wir rekurrieren müssen, wenn wir den segmentierten Formen Inhalte zuordnen wollen. Als einen Zugang haben wir die Kenntnisse über Personennamen eines bestimmten geographischen Bereichs kennengelernt: Personennamen tragen zwar keine lexikalische, sondern nur eine textkonstituierende Bedeutung, sie machen aber sichtbar, bei welchen Textbestandteilen wir solche lexikalischen Bedeutungen suchen müssen. Eine zweite Möglichkeit, Inhalte mit Formen zu verbinden, bieten zweisprachige Inschriften: die beiden Bilinguen, die ich vorgeführt habe, haben die Tücken solcher Quellen erkennen lassen – immerhin haben wir daraus erfahren, was das Verbum *karnitu* und das Suffix *-kno-* bedeuten. Der dritte und wichtigste Weg bedient sich der Ähnlichkeiten, die Lautketten in unbekannten Sprachen mit Lautketten in bekannten Sprachen haben: sobald solche Ähnlichkeiten in irgendeiner Weise systematisierbar sind, darf man fragen, ob die formalen Parallelen zufällig sind, ob nicht vielmehr den formalen Parallelen inhaltliche Parallelen zugeordnet werden dürfen.

Unsere Beispiele haben solche Möglichkeiten vor allem beim Vergleich mit indogermanischen Nachbarsprachen – Latein, Keltisch usw. – gezeigt und wir haben auch schon von indogermanischen Elementen schlechthin gesprochen. Das bedarf jetzt noch einer Erörterung.

Die Indogermanistik hat festgestellt, daß es eine bestimmte Zahl einander ähnlicher, untereinander vergleichbarer Sprachen gibt – zu ihnen gehören das Lateinische, das Griechische, das Sanskrit, die germanischen, keltischen, slavischen Sprachen; man formalisiert die Ähnlichkeiten zwischen diesen Sprachen dadurch, daß man sie auf einer in der Vorgeschichte der Einzelsprachen gedachten Ebene abbildet, und zwar so, daß diesem Abbild Eigenschaften einer natürlichen Sprache zugeschrieben werden, ein in sich begrenztes Lautinventar, ein begrenztes und widerspruchsfreies Inventar an morphologischen Paradigmen und ein Lexikon, das den vermuteten Ansprüchen einer solchen vorhistorischen Modellsprache gerecht wird. In diesem Modell ist alles enthalten, was in mehr als einer bezeugten Einzelsprache vorkommt. Wir nennen es die 'indogermanische Ursprache' oder 'Gemeinsprache' oder einfach das 'Indogermanische'; alle Einzelsprachen, die an der ihm zugrundeliegenden Vergleichung teilhaben, fassen wir als Mitglieder der indogermanischen Sprachfamilie, als 'indogermanische Sprachen' zusammen[65].

Zurück zu unseren Trümmersprachen: wenn wir in ihnen indogermanische Sprachen vermuten, dann nehmen wir an, sie würden, wenn sie vollständig erhalten und verständlich wären, genau so zur Beschreibung des ursprachlichen Modells beitragen, wie es das Lateinische, Griechische usw. tun. Da sie aber weder vollständig noch verständlich sind, imitieren wir diesen Modellbezug dadurch, daß wir unterstellen, daß Elemente unserer Trümmersprachen, die einer Einheit im grundsprachlichen Modell formal ähnlich sind, zu dieser in einer gleichen Relation stehen wie die Elemente gut bekannter indogermanischer Sprachen, denen das Modellelement seine Existenz verdankt. Wenn also im Venetischen eine Lautkette mit unbekanntem Inhalt *donon* einer grundsprachlichen Kette **dōnom* 'das Schenken, das Geschenk' ähnlich ist, die dort als Abbild von lateinisch *dōnum*, irisch *dán* und sanskrit *dānam* erscheint, dann ist die Vermutung legitim, daß diese venetische Lautkette eine Bedeutung haben kann, die sie auf eben diese grundsprachliche Einheit reproduzierbar macht. Ob sie diese Bedeutung tatsächlich hat, ist aus dem formalen Vergleich allein nicht abzulesen: erst wenn sie durch irgendwelche Kontexterscheinungen Unterstützung findet – in unserem Fall etwa durch den Umstand, daß *donon* auf einem Votivgegenstand erscheint, den man als Geschenk an die Gottheit ansehen kann –, dann darf bis zum Beweis der Unmöglichkeit angenommen werden, daß venetisch *donon* mit indogermanisch *dōnom*, und das heißt zugleich mit lateinisch *dōnum* usw., nicht nur formal, sondern auch inhaltlich identifiziert werden darf. Ich hoffe, es wird deutlich, daß jede Anwendung der Sprachvergleichung auf Trümmersprachen erfordert, daß zu einer formalen Ähnlichkeit eine zusätzliche Bestätigung kommt: das können paradigmatische Serien sein wie die Endungen *-a*, *-ai* und *-am* im Lepontischen, *śtam* neben *śa* im Keltiberischen; lexikalische Oppositionen wie venetisch *vivoi* und *murtuvoi* 'lebendig' und 'tot'; sachliche Wahrscheinlichkeiten wie eben bei *donon* oder wie bei venetischen Votivverben *donasto* und *doto*. Aber alle diese Deutungsmöglichkeiten sind noch keine Deutungen, solange die Sprache eine Trümmersprache ist, solange wir also nicht wissen, *daß* und *wie* die von uns vermuteten Verbindungen von Form und Inhalt eingebettet sind in ein vollständiges sprachliches Zeichensystem.

6. Zur historischen Auswertung

Nach Beschreibung der Quellenlage und nach dem Ausblick auf die sprachwissenschaftliche Erschließung von Trümmersprachen sollen noch einige im engeren Sinne historische Fragen angeschnitten werden, die sich auf das vorgelegte Material und seine Bearbeitung beziehen.

6.1 Die Schriftkarte

Die Karte 2 ist zunächst unmittelbar verwertbar: das Einzugsgebiet der vom etruskischen Alphabet abgeleiteten Schriften zeigt die Wirkung des etruskischen Vorbilds, die von Kampanien bis nach Oberitalien reicht; die Ausstrahlung griechischer Kulturüberlegenheit wird greifbar, wo einheimische Sprecher ihre Sprachen im griechischen Alphabet festhalten, erstens im Bereich

der süditalischen Kolonien, zweitens, ausgehend von Marseille, im Rhonedelta, und schließlich, besonders bemerkenswert, an der spanischen Ostküste:
hier ist diese Schriftentlehnung bis jetzt das eindeutigste Symptom für die
Anwesenheit einer griechischen Faktorei in archaischer Zeit: man sucht sie
irgendwo zwischen *Dianium,* heute Denia, das vielleicht ein griechisches
Artemision fortsetzt, und der Stadt Alicante, die von jeher ein wichtiger
Handelsplatz war und vielleicht auch einmal ein griechisches Kontor beher-
bergt hat[66]. Die Verbreitung der iberischen Schrift markiert die urbanisierten
Zonen des vorrömischen Hispanien. Freilich ist es bis heute rätselhaft, warum
in den alten blühenden Städten der *Baetica,* dem heutigen Andalusien, so
wenig einheimische Schriftdenkmäler gefunden worden sind[67].

6.2 *Die Sprachenkarte*

Zieht man die Karte 3 hinzu, so ist ein erster erwähnenswerter Befund
der, daß Kultureinflüsse, die sich in der Schriftimitation äußern, nicht not-
wendig mit Sprachgrenzen übereinstimmen, – eine erneute Warnung vor der
alten, von Sprachgeschichtlern und Prähistorikern oft begangenen Sünde,
Kulturgebiete und Sprachgemeinschaften unreflektiert miteinander zu identifizieren. Man beachte hierzu etwa noch, daß nicht überall dort, wo uns
gallische und dem Gallischen nahestehende Dialekte begegnen, Bodenfunde
der La-Tène-Kultur zutage gekommen sind, die man doch als eine spezifisch
gallische Kulturform nachgewiesen hat. Und die Zentren der sehr charak-
teristischen iberischen Vasenmalerei und Bildhauerkunst decken sich in ihrer
Verbreitung nur mit der südlichen Hälfte des Raumes, in dem wir iberischen
Sprachgebrauch bezeugt finden.

Diese Vorsicht ist nicht nur bei Arealen materieller Kultur geboten, sondern
auch bei politisch aktiven Bevölkerungseinheiten, die uns von antiken Histo-
rikern beschrieben werden. So ist die Sprache der Gallier im Rhonedelta und
der Gallier in Burgund den Inschriften zufolge kaum verschieden, aber nur
letztere haben als *Boii, Bituriges, Lingones,* als Herren von *Bibracte* und
Vesontio Eingang in die römische Geschichtsschreibung gefunden. Und den
antiken Quellen zufolge ist das Siedlungsgebiet der Keltiberer, mit denen
die Römer im numantinischen Krieg zu kämpfen hatten, nach Westen erheblich
weiter ausgedehnt gewesen und hat sich nach Osten wahrscheinlich nicht so
weit erstreckt wie das Gebiet, für das wir durch einheimische Inschriften eine
keltiberische Sprache nachweisen können[68].

Als Symptom für Einheiten kultureller Individualität oder politischer
Organisation kann man also Sprachareale nicht unbesehen verwerten; es sind
andere Aussagen, um derentwillen es sich lohnt, unsere primären Sprach-

quellen zu befragen. Die wichtigste scheint mir in einem Bereich zu liegen, den man als Ethnographie, als Bevölkerungsgeschichte bezeichnet: das Interesse für die Leute, die dort wohnen, wo sich – oft über ihre Köpfe hinweg – Geschichtliches ereignet. Gelegentlich habe ich oben auf Verknüpfungen zwischen antik bezeugten Völkern und inschriftlich greifbaren Sprachgemeinschaften hingewiesen, – bei den Venetern beispielsweise war sie leicht möglich, bei den Rätern zunächst vage, dann aber durch zusätzliche Information zu erhärten, bei den Lepontiern blieb sie bloße Hypothese. Aber, ob wir für die identifizierte Sprache und deren Sprecher einen Namen finden oder nicht, das Bild dieser Karten gehört zu dem Gesamtbild des Hintergrundes, vor dem sich die Geschichte des letzten vorchristlichen Jahrtausends abgespielt hat, insbesondere die Epoche, in der Rom sich zur Herrin über Europa machte. Daraus ergibt sich eine neue, zusätzliche Frage zur Sprachforschung: diese Karte weist große Lücken auf – in Kantabrien, wo Augustus ohne bleibenden Erfolg einheimische Stämme zu zähmen versuchte, in Helvetien, dessen Geschichte jeder aus Caesars *bellum Gallicum* kennt, im Gebiet zwischen Rhone, Po und Arno, das in den römischen Annalen des vorletzten Jahrhunderts eine Rolle spielt. Das heißt also: auch dort, wo die Karte leer bleibt, haben damals Leute gelebt und ihre Sprache gesprochen. Es genügt, die geographischen Kompendien des Strabo, Plinius und Ptolemäus durchzublättern, um zu sehen, daß über die ganze alte Mittelmeerwelt ein lückenloses Netz von benennbaren Volkseinheiten gebreitet war.

6.3 Personennamen auf lateinischen Inschriften

Ein Beispiel mag veranschaulichen, wie man hier noch einen Schritt weiter kommt. Die Karte 4 greift Gallien heraus; die eingetragenen Symbole repräsentieren jetzt aber keine vorrömischen Texte, sondern lateinische Inschriften aus der römischen Kaiserzeit, aus einer Epoche also, in der man nicht mehr gallisch, sondern lateinisch sprach. Die hier eingezeichneten Inschriften enthalten in lateinischem Kontext Eigennamen, von denen einige deutlich an vorrömische Eigennamen erinnern, und manche zwar eher lateinisch aussehen, durch ihre geographische Begrenzung aber zeigen, daß sie vorlateinische Namen ersetzt haben könnten[69]. Aus einer größeren Anzahl jeweils verbreiteter Namen[70] wurden hier zweimal vier Gruppen ausgewählt: Die roten Symbole folgen unverkennbar der Verbreitung der gallischen Inschriften und beziehen in Oberitalien das Gebiet der lepontischen Denkmäler ein. Deutlich überschritten wird der aus Primärtexten bekannte gallische Sprachbereich im Nordosten, wo die ganze Germania superior und inferior von Eintragungen bedeckt sind, und im Südwesten stoßen sie bis Narbonne vor, also bis in das Gebiet, das nach der Aussage der vorrömischen Inschriften der iberischen Sprache zuzuweisen ist[71].

Die grünen Symbole häufen sich in charakteristischer Dichte genau in dem Gebiet, in dem unsere Karte mit den vorrömischen Sprachdenkmälern leer geblieben war, über das wir aber, wie schon angedeutet, durch antike Geschichtsquellen recht eindeutig informiert werden: es ist das Land, in dem die Römer die Bergstämme der Ligurer unter ihre Gewalt brachten, und das später bei der Aufgliederung Italiens unter Augustus als 9. Region den Namen Liguria erhielt[72]. Wir übernehmen also eine antike Nomenklatur, wenn wir diesem 'grünen' Areal den Namen 'ligurisch' geben, und es ist dann nur eine zusätzliche Bestätigung, wenn wir aus anderen Quellen erfahren, daß im Hinterland von Marseille 'keltoligurische' Völker gewohnt haben, und daß die westliche Grenze des ursprünglichen Siedlungsgebietes der Ligurer an der unteren Rhone oder sogar noch jenseits davon angenommen worden ist[73].

Regional begrenzte Personennamen auf lateinischen Inschriften unterrichten uns also über Gruppierungen, die wir der vorrömischen Zeit zuschreiben dürfen, und da Personennamenrepertoires ein Bestandteil der Sprache sind, dürfen wir in Personennamengebieten Symptome für Sprachgebiete vermuten. Im Falle der italischen Landschaft Ligurien – ähnlich übrigens im Norden und Westen Spaniens oder in Dalmatien und Pannonien[74] – gewinnen wir durch die Personennamen eine Information, die eine Lücke in unserer auf direkten Quellen beruhenden Sprachenkarte schließt.

Wichtig ist es, daß Mißverständnisse über den Status von Personennamen in dieser Auswertung vermieden werden: was sie zu Korrelaten von Sprachen macht, ist nicht ihre sprachliche Entstehung, ihr etymologisches Verhältnis zur Sprache, aus der sie stammen. Entscheidend ist, in welchem Gebiet und in welchem Repertoire sie erscheinen – um es an einem modernen Beispiel klarzustellen: der Name *Hans* ist nicht als Symptom für die Anwesenheit der hebräischen Sprache zu nehmen, ebensowenig *Jean*, *John* und *Giovanni*. Aber *Hans* tritt zusammen mit *Karl*, *Julius*, *Ludwig* auf und *Jean* zusammen mit *Charles*, *Jules*, *Louis*: wo die Verbreitungsgebiete dieser Namen aufeinandertreffen, kann man mit gutem Recht eine Sprachgrenze diagnostizieren.

Noch eine Bemerkung zu dieser Karte: sie zeigt etwas, was auf unserer Sprachenkarte so gut wie gar nicht vorkommt: Überschneidungen der Areale[75]. Selbst wenn man Einzelbelege grüner Zeichen in Zentralgallien als unrelevant ausscheidet, von der mittleren Rhone an bis in die Provence hinunter treten grüne und rote Symbole untereinander vermischt auf und auch in Oberitalien gehen die Bereiche in einer schmalen Zone ineinander über. Für beide Gebiete wissen antike Historiker etwas über gallische Expansionen: die Stämme der

Volcae Arecomici und *Tectosages* sind nicht allzu lange vor 300 v. Chr. in die spätere Gallia Narbonensis eingedrungen, und der Galliereinfall nach Oberitalien ist aus Livius berühmtem Bericht allgemein bekannt. Die Gallier sind also in Überschneidungszonen als späte Zuwanderer bezeugt[76]. Es liegt nahe anzunehmen, daß sie dort eine und zwar eine und dieselbe ältere Bevölkerung überdeckt haben, die die Individualität ihrer Namengebung nicht aufgegeben, sondern bis in die römische Zeit hinein beibehalten hat.

6.4 Direkte historische Aussagen der trümmersprachlichen Denkmäler

Es gibt noch eine andere, auf den ersten Blick weitaus zentralere Frage, die die Geschichtswissenschaft an Sprachdenkmäler zu stellen pflegt: die Frage, ob die Texte direkt etwas über soziale, politische oder sakrale Institutionen oder gar über historische Ereignisse mitteilen. Ich muß mich darauf beschränken, auf die Problematik dieser Fragen im Zusammenhang mit Trümmersprachen hinzuweisen.

Wie bei den ausführlich diskutierten sprachvergleichenden Deutungen steht auch hier die triviale Wiederentdeckung von anderweitig Bekanntem der Unmöglichkeit gegenüber, anderweitig Unbekanntes in fragmentarischen Texten mit brauchbarer Genauigkeit zu erkennen. So kann es wohl sein, daß *toutas*[auf der oben, § 4.5.2, wiedergegebenen gallischen Inschrift aus Briona der Genetiv des Wortes ist, das im oskischen *touto* 'Volksgemeinschaft' (lat. *populus*), im umbrischen *tota* 'Stadt, Stadtgemeinde' (lat. *civitas*), im altirischen *túath* 'Stamm, Volk', im gotischen *þiuda* 'Volk', gr. ἔϑνος wiederkehrt und ein indogermanisches Wort *teutā* erschließen läßt[77]; dann ist es weiter möglich, daß das Wort davor, *takos*, ein Substantiv ist, dem *toutas* als Genitivattribut zuzuordnen ist, und daß das Ganze eine politische Institution bezeichnet[78]. Aber nichts davon ist sicher und der Gewinn für unsere Kenntnis der Verfassung oberitalischer Gallierstämme ist gleich Null. Ebensowenig hat der Historiker etwas davon, wenn ihm der Sprachwissenschaftler mitteilt, daß auf einer venetischen Inschrift eine Buchstabenfolge *teuta* vorkommt[79], die komparatistisch korrekt auf das genannte indogermanische Wort *teutā* zurückgeführt werden kann.

In oskischen und umbrischen Inschriften identifizieren wir Beamtenbezeichnungen[80] wie *kvaisstur, kenstur, aidil, meddis* und *maru* deshalb ohne Mühe, weil sie uns aus der lateinischen Terminologie oder aus lateinischen antiquarischen und historischen Quellen bekannt sind. Die Bedeutung von Titeln wie oskisch *sverrunei* oder umbrisch *prinuvatur*, die Funktion von Gremien wie *vereia* und *kúmbennieis* sind zwar im Zuge der philologischen Arbeit an den oskisch-umbrischen Denkmälern inzwischen hundertfünfzig Jahre lang diskutiert worden, – eine überzeugende Bestimmung des Inhalts dieser Termini ist nicht gelungen, und sie wird so lange nicht gelingen, wie uns Kontexte fehlen, die den bloßen Namen durch eine Definition oder durch eine ausführliche Funktionsbeschreibung ergänzen, und ebenso müßig ist es, ohne neue Informationen darüber nachzugrübeln, was sich hinter dem gallischen Titel *arkantokomaterekos* (oben § 4.5.2) verbirgt.

7. Schluß

Diese Demonstration des fragmentarischen Zustands, der Trümmerhaftigkeit unserer Quellen, mag die Stelle der sonst üblichen Zusammenfassung der Ergebnisse eines Vortrags einnehmen. Der Historiker ist gewohnt, mit Mosaiksteinen zu arbeiten, die sich erst durch schöpferische Hypothesen zu lebendigen Bildern menschlicher Geschicke ordnen lassen. Daß auch der Sprachwissenschaftler dann, wenn er es mit Trümmersprachen zu tun hat, vor der Aufgabe steht, disparate Elemente in systemhafte Zusammenhänge zu stellen, ist, so hoffe ich, deutlich geworden. Und noch mehr kam es mir darauf an zu zeigen, daß und wie in diesem Bereich Linguistik und Historie durch Fragen und Antworten, durch ein ständiges Gespräch miteinander verbunden sind.

Anmerkungen

Bibliographische Abkürzungen

ANRW. — Aufstieg und Niedergang der römischen Welt. Hsg. von H. TEMPORINI und W. HAASE. Berlin 1972ff.

Coloquio Salamanca (1974) — Actas del I coloquio sobre lenguas y culturas prerromanas de la península ibérica. Salamanca 1974 (Acta Salamanticensia. Fil. y letras. 95). 1976

Coloquio Tübingen (1976) — Actas del II coloquio sobre lenguas y culturas prerromanas de la península ibérica. Tübingen 1976 (Acta Salamanticensia. Fil. y letras. 113). 1979

Convegno Pisa (1977) — La Cultura Italica. Atti del Convegno della Società Italiana di Glottologia. Pisa 1977 (Orientamenti linguistici. 5). Pisa 1978

Convegno Roma (1977) — Le Iscrizioni pre-latine in Italia. Rom 1977 (Accademia Nazionale dei Lincei, Atti dei Convegni Lincei. 39). Rom 1979

ELH. — Enciclopedia lingüística hispánica. Hsg. von M. ALVAR und anderen. Madrid 1960ff.

FS. Niedermann (1956) — Hommages à M. Niedermann (Collection Latomus. 23). Brüssel 1956

FS. Pokorny (1967) — Beiträge zur Indogermanistik und Keltologie. Julius Pokorny zum 80. Geburtstag (Innsbrucker Beiträge zur Kulturwissenschaft. 13). Innsbruck 1967

FS. Tovar (1972) — Homenaje a Antonio Tovar. Madrid 1972

GM. + Inschriften-Nummer — M. GÓMEZ-MORENO, Suplemento de epigrafía ibérica = Misceláneas I (1949) 283–330

M. GÓMEZ-MORENO, (1949) Misceláneas I. — Misceláneas. Historia, Arte, Arqueología. Primera serie: la antigüedad. Madrid 1949

HE. — Historia de España. Hsg. von R. MENÉNDEZ PIDAL. Madrid 1947ff.

Kolloquium Bonn (1976) — Indogermanisch und Keltisch. Kolloquium der Indogermanischen Gesellschaft in Bonn. 1976. Wiesbaden 1977

LDIA. (1978) — Lingue e dialetti dell'Italia antica. Hsg. von A. L. PROSDOCIMI (Popoli e civiltà dell'Italia antica. 6). Rom 1978

M. LEJEUNE, (1971) Lepontica — Lepontica (Monographies Linguistiques. 1). Paris 1971 = Études Celtiques 12 (1970) 337–500

MLH. — Monumenta Linguarum Hispanicarum. Hsg. von J. UNTERMANN, I. Die Münzlegenden. Wiesbaden 1975, II. Die iberischen Inschriften aus Südfrankreich. Wiesbaden 1980

PID. + Inschriften-Nummer — R. S. CONWAY, J. WHATMOUGH, S. E. JOHNSON, The Prae-Italic Dialects of Italy. 3 Bände, Cambridge Mass. 1933. Hier wird nur der von J. WHATMOUGH bearbeitete zweite Band zitiert.

RE. Paulys Realencyclopaedie der klassischen Altertumswissen-
schaft. Hsg. von G. Wissowa,W. Kroll, K. Ziegler.
A. Tovar, Estudios (1949) Estudios sobre las primitivas lenguas hispánicas. Buenos
Aires 1949

[1] Eine Klassifikation und Charakterisierung von 'Informantensprachen', 'Groß- und Klein-
corpussprachen' gibt M. Mayrhofer, Zur Gestaltung des etymologischen Wörterbuchs
einer Großcorpussprache. Im Druck als Abhandlung der Österreichischen Akademie der
Wissenschaften.

[2] Beachtenswerte Bemerkungen zur Methode finden sich u. a. bei: P. Aalto, Studia Orien-
talia 11,4 (1945) 3–26, J. Friedrich, Entzifferung verschollener Schriften und Sprachen
(= Verständliche Wissenschaft. 51). Berlin 1954; zu den hier besprochenen Sprachen
S. 113–120, 123–128; H. Rix, Kratylos 8 (1963), bes. S. 122, 124; R. Katičić, Ancient
Languages of the Balkans. Den Haag 1976, bes. 60f., 83, 170.

[3] Nicht eingetragen wurden Fundorte von Münzen, da deren Verbreitung nicht ohne zusätzliche Untersuchungen als Zeugnis für die Verbreitung von Sprachen nutzbar gemacht
werden kann. Für die 'lepontischen' Münzen vgl. M. Lejeune, Lepontica (1971) 124–132,
M. G. Tibiletti Bruno, LDIA. (1978) 161f., für die gallischen Münzen J. B. Colbert
de Beaulieu, in: R. Forrer, Keltische Numismatik der Rhein- und Donaulande. Band 2:
Nachträge und Ergänzungen. Graz 1969, für die hispanischen Münzen: J. Untermann,
MLH. I (1975).

[4] Berichte bei M. Lejeune, $K\Omega K A \Lambda O \Sigma$ 18–19 (1972–73) 296–307, A. L. Prosdocimi
und L. Agostiniani, $K\Omega K A \Lambda O \Sigma$ 22–23 (1976–77) 215–260, R. Ambrosini, Convegno
Roma (1977) 57–104, A. Zamboni, LDIA. (1978) 949–1012. Von einer neuen Gesamt-
ausgabe ist der erste Band erschienen: L. Agostiniani. Iscrizioni anelleniche di Sicilia.
Le iscrizioni elime. Florenz 1977.

[5] Über das etruskische Alphabet und seine Adaptionen in Italien: M. Lejeune in vielen
Einzelstudien, vor allem: Revue des Études Latines 35 (1957) 88–105, 40 (1962) 149–160,
43 (1965) 164–180, 44 (1966) 141–181, Bulletin de la Société Linguistique 66 (1971)
267–298; M. Cristofani, ANRW. I,2 (1972) 466–489, und in LDIA. (1978) 401–428.

[6] Zu den griechischen Lokalalphabeten insgesamt: L. Jeffery, The Local Scripts of Archaic
Greece. Oxford 1961. Zur Anwendung für die oskische Sprache: M. Lejeune, Revue des
Études Anciennes 72 (1970) 271–316, 74 (1972), 5–13; für das Messapische in Apulien:
C. de Simone, in: H. Krahe, Die Sprache der Illyrier. II Wiesbaden 1964, 11–47; zur
Schreibung des Gallischen in Südfrankreich einige Bemerkungen bei P. M. Duval, Actes
du colloque sur les influences hélleniques en Gaule. Dijon 1957 (Publ. de la Univ. de
Dijon. 16), 1958, 63–69, M. Lejeune, Études Celtiques 12 (1968–69) 36–48; zum archaisch-
griechischen Alphabet an der spanischen Ostküste: M. Gómez-Moreno, Revista de Filo-
logía Española 9 (1922) = Misceláneas I (1949), 219–231, J. Maluquer de Motes,
Epigrafía prelatina ibérica. Barcelona 1968, 89–94.

[7] Zur Form und Herkunft: R. Lafon, Bulletin Hispanique 54 (1952) 165–183, J. Février,
Rivista di Studi Orientali 32 (1957) 718–730, J. Untermann, Emerita 30 (1962) 284–294.

[8] M. Gómez-Moreno, Homenaje a D. Ramón Menéndez Pidal. III (1925) = Misceláneas I
(1949) 244, ohne explizite Begründung; ausführlicher Boletín de la Real Academia de
Historia 1943 = Misceláneas I 257–277; vgl. dazu J. Caro Baroja, HE. I,3 (1954)
710–721. Wichtige Verbesserungen und Einzeluntersuchungen seitdem: L. Michelena,
Emerita 23 (1955) 264–284, U. Schmoll, Zeitschrift für Vergleichende Sprachforschung 76
(1960) 280–295, J. Siles, Coloquio Tübingen (1976) 81–99.

[9] Zur südlichen Variante der iberischen Schrift: M. Gómez-Moreno. La escritura bástulo-
turdetana. Madrid 1962, 43–67, P. Beltrán, El plomo escrito de la Bastida de los Alcuses
(= Servicio de Investigación Prehistórica. Serie de trabajos varios. 23). Valencia 1962,
J. de Hoz, Coloquio Salamanca (1974) 227–318; der bisher am besten begründete Ent-

zifferungsversuch der südlusitanischen Schrift: U. SCHMOLL, Die südlusitanischen Inschriften. Wiesbaden 1961.

[10] Wichtige Gesamtdarstellungen: M. PALLOTTINO, Etruscologia, 6. Aufl., Mailand 1977,
A. J. PFIFFIG, Die etruskische Sprache. Graz 1969. – Zum Stand der Forschung: H. RIX,
Kratylos 8 (1963) 113–158, K. OLZSCHA, Glotta 47 (1967) 279–323, 48 (1970) 260–294,
C. DE SIMONE, Glotta 53 (1975) 125–181, dazu die laufende Berichterstattung in der
Zeitschrift Studi Etruschi. Zu den Personennamen: H. RIX, Das etruskische Cognomen.
Wiesbaden 1963.

[11] Der wichtigste Text in dieser Sprache sind die auf sieben Bronzetafeln aus Gubbio (Karte 1
und 3) aufgezeichneten Kultakten (Tabulae Iguvinae); kommentierte Ausgabe: G. DE-
VOTO, Tabulae Iguvinae. 3. Auflage, Rom 1962; Grammatik und Kommentar: J. W.
POULTNEY, The Bronze Tables of Iguvium (= American Philological Association. Philol.
Monographs. 18). Baltimore 1959; kommentierter Auszug bei E. PULGRAM, Italic, Latin,
Italian. Heidelberg 1978, 104–134; Literaturberichte: J. UNTERMANN, Kratylos 5 (1960)
113–125, K. OLZSCHA, Glotta 41 (1963) 70–138. Wichtige Zusammenfassungen: A. L.
PROSDOCIMI, ANRW. I,2 (1972) 593–699, LDIA. (1978) 585–788.

[11a] Vollständige Ausgabe und grammatische Bearbeitung: G. GIACOMELLI, La lingua falisca,
Florenz 1963.

[12] Vollständige Ausgabe der etwas über 200 Texte: E. VETTER, Handbuch der italischen
Dialekte. I, Heidelberg 1953, ergänzt durch P. POCCETTI, Nuovi documenti italici,
a complemento del manuale di E. Vetter (= Orientamenti linguistici. 8). Pisa 1979; eine
zusammenfassende Übersicht gibt A. MANIET, ANRW. I,2 (1972) 522–592; Forschungs-
berichte unter dem Titel Rivista di epigrafia italica, hsg. von A. L. PROSDOCIMI, in der
Zeitschrift Studi Etruschi, und J. UNTERMANN, Glotta 57 (1979) 293–324. Grammatiken:
C. D. BUCK, A Grammar of Oscan and Umbrian. 2. Aufl. 1928, deutsche Übersetzung
von E. PROKOSCH, Elementarbuch der oskisch-umbrischen Dialekte. Heidelberg 1905,
G. BOTTIGLIONI, Manuale dei dialetti italici. Bologna 1954. – Zu den Personennamen:
M. LEJEUNE, L'anthroponymie osque (= Monographies linguistiques. 2). Paris 1976.

[13] Zu den in lateinischer Schrift geschriebenen Inschriften in 'nordoskischen' Dialekten
(Pälignisch, Vestinisch, Marsisch) zuletzt M. DURANTE, LDIA. (1978) 789–824; zu dem
oskischen Stadtrecht auf der 'Tabula Bantina' aus Oppido Lucano (s. Karte 1): E. VETTER,
l. c. (Anm. 12) 13–28; dazu ein Neufund: P. POCCETTI, l. c. (Anm. 12) 132–136; Kommentar von H. GALSTERER, Chiron 1 (1971) 191–214.

[14] Wichtigster Fundort ist das Heiligtum von Rossano di Vaglio (Prov. Potenza, Karte 3):
D. ADAMESTEANU und M. LEJEUNE, Accademia dei Lincei. Rendiconti, s. 8, t. 26 (1972)
663–684, 27 (1973) 399–414, 30 (1975) 319–339; M. P. MARCHESE, Studi Etruschi 42
(1974) 401–428.

[15] Vollständige Edition: O. PARLANGÈLI, Studi Messapici (= Memorie dell'Istituto Lombardo. Sc. mor. e stor. 26). Mailand 1960; zur Sprache C. DE SIMONE, Kratylos 7 (1962)
113–135, und in: Le genti non-greche della Magna Grecia. Atti dell' XI convegno di
Studi sulla Magna Grecia (Taranto 1971). Neapel 1972, 125–201, Convegno Roma
(1977) 105–117. – Zu den Personennamen: J. UNTERMANN, in: H. KRAHE, Die Sprache
der Illyrier. II, Wiesbaden 1964, 155–213.

[15a] Zuletzt V. PISANI, in: Atti del II Convegno di studi etruschi. Florenz 1959, 75–92,
A. MORANDI, LDIA. (1978) 560–584, M. DURANTE, LDIA. (1978) 334–400.

[16] Vollständige Ausgabe: J. WHATMOUGH, The Dialects of Ancient Gaul. Ann Arbor
1949–51, Neudruck Cambridge (Mass.) 1970. Wichtige Ergänzungen und Neulesungen:
M. LEJEUNE, Rev. des Études Anciennes 58 (1956) 75–92, Études Celtiques 12 (1968–69)
21–91, 15 (1976–77) 105–168, Revue Archéologique de Narbonnaise 10 (1977) 59–75. –
Gute Übersicht: D. ELLIS EVANS, Kolloquium Bonn (1976) 66–88. – Zu den Personennamen: K. H. SCHMIDT, Zeitschrift für celtische Philologie 26 (1957) 31–301, D. ELLIS
EVANS, Gaulish Personal Names. Oxford 1967.

[17] Die wichtigste neuere Diskussion: zu den altitalischen Sprachen G. R. SOLTA, Zur Stellung

der lateinischen Sprache (= Öster. Akademie der Wissenschaften, Phil.-Hist. Klasse. Sitzungsberichte, 291.4). Wien 1974; zum Oskisch-Umbrischen: R. LAZZERONI, Studi e Saggi Linguistici 4 (1964) 1–86, E. CAMPANILE ibid. 8 (1968) 16–130, W. COWGILL, in: Indo-European and Indo-Europeans. Hsg. von G. CARDONA, H. M. HOENIGSWALD, A. SENN, Philadelphia 1976, 113–153; zum Messapischen: DE SIMONE in: Le genti non-greche l. c. (Anm. 15) 189–192, zum Iberischen, Keltiberischen, Venetischen und Lepontischen s. unten, Anm. 23, 33, 44, 60, 61.

[18] Ausgaben: E. HÜBNER, Monumenta Linguae Ibericae. Berlin 1893, M. GÓMEZ-MORENO, Suplemento de epigrafía ibérica = Misceláneas I (1949), 283–330 (abgekürzt GM.), La escritura bástulo-turdetana. Madrid 1962, J. MALUQUER, Epigrafía prelatina (s. Anm. 6); wichtige Neufunde: D. FLETCHER VALLS, Die Sprache 16 (1970) 149–170, Archivo de Prehistoria Levantina 15 (1978) 191–208, F. MARCO und V. BALDELLOU, Pyrene 12 (1976) 91–115. Von einer neuen Gesamtedition, Monumenta Linguarum Hispanicarum (MLH.), hsg. von J. UNTERMANN, ist Band I, Münzlegenden, 1975 erschienen, Band II, Inschriften aus Südfrankreich, erscheint 1980. – Zur Sprache: A. TOVAR, ELH. I (1960) 10–26, und The Ancient Languages of Spain and Portugal. New York 1961, 50–75, L. MICHELENA, Zephyrus 12 (1961) 5–23, und in: Coloquio Tübingen (1976) 23–39.

[19] Sammlung und sprachliche Erschließung: M. L. ALBERTOS FIRMAT, La onomástica primitiva de Hispania Tarraconense y Bética (= Theses et Studia Salamanticensia. 13). Salamanca 1966, mit laufenden Ergänzungen in der Zeitschrift Emerita. Kürzere Untersuchungen und Zusammenfassungen: M. PALOMAR LAPESA, ELH. I (1960) 347–387, A. TOVAR, in: L'onomastique latine (Colloques Internationaux du CNRS. 564. Paris 1975). Paris 1977, 281–290, J. UNTERMANN, Coloquio Tübingen (1976) 41–67.

[20] M. GÓMEZ-MORENO, Misceláneas I (1949) 245–250, U. SCHMOLL, Glotta 35 (1956) 304–311, M. L. ALBERTOS FIRMAT, l. c. (Anm. 19) 259–275, J. UNTERMANN, l. c. (Anm. 19) 44–48.

[21] Zum Formular der Grabschriften zuletzt L. MICHELENA, Coloquio Salamanca (1974) 353–361, J. SILES, Saguntum 12 (1977) 171, 173.

[22] A. TOVAR, l. c. (Anm. 18) 51, 61f., L. MICHELENA, Coloquio Tübingen (1976) 27, 33; J. SILES in einer in der Zeitschrift Emerita erscheinenden Untersuchung.

[23] Alle Versuche, das Iberische durch den Vergleich mit dem Baskischen verständlich zu machen, müssen als unzureichend bezeichnet werden; vielleicht läßt sich eine gewisse typologische Ähnlichkeit zwischen den beiden Sprachen wahrscheinlich machen (J. CARO BAROJA l. c. [Anm. 8], 803–812), und es ist damit zu rechnen, daß der baskische Wortschatz einzelne iberische Wörter aufgenommen hat. Gegen den noch immer von manchen Forschern vertretenen hemmungslosen 'vasco-iberismo' vgl. A. TOVAR, El Euskera y sus parientes (= Biblioteca Vasca. 2). Madrid 1959, 38–61, R. LAFON, ELH. I (1960) 93, F. OROZ ARIZCUREN, Fontes Linguae Vasconum 24 (1976) 339–343.

[24] Ausgaben: M. GÓMEZ-MORENO, Suplemento l. c. (Anm. 18), J. MALUQUER DE MOTES, l. c. (Anm. 6); umfassende grammatische Bearbeitungen A. TOVAR, Boletín de la Real Academia Española 25 (1946) 7–38 = Estudios (1949) 21–60, in deutscher Übersetzung: A. TOVAR, Sprachen und Inschriften. Amsterdam 1973, 124–146, M. LEJEUNE, Celtiberica (= Acta Salmanticensia. Fil. y Letras 7,4). Salamanca 1955, U. SCHMOLL, Die Sprachen der vorkeltischen Indogermanen Hispaniens und das Keltiberische. Wiesbaden 1959. Der wichtigste Neufund ist eine umfangreiche Inschrift auf einer Bronzeplatte aus Botorrita (Prov. Zaragoza): s. unten Anm. 63. – Kurze Darstellungen zuletzt: A. TOVAR, ELH. I (1960) 102–112 und The Ancient Languages (s. Anm. 18) 76–90. – Zu den Personennamen: Sammlung und sprachliche Erschließung bei M. L. ALBERTOS FIRMAT, ll. cc. (Anm. 19), geographische Ordnung bei J. UNTERMANN, Elementos de un atlas antroponímico de la Hispania Antigua (= Biblioteca praehistorica hispana. 7). Madrid 1965; kürzere Zusammenfassungen: M. L. ALBERTOS FIRMAT, Coloquio Tübingen (1976) 131–167, D. ELLIS EVANS, ibid. 117–129.

²⁵ Die Inschrift ist heute verschollen. Meine Transkription (ebenso M. FAUST, Madrider Mitteilungen 16, 1975, 198) weicht von den bei GÓMEZ-MORENO, Suplemento l. c. (Anm. 18), 311, LEJEUNE, l. c. (Anm. 24) 98, MALUQUER, l. c. (Anm. 6) 142, TOVAR, zuletzt Sprachen und Inschriften l. c. (Anm. 24) gegebenen Transkriptionen dadurch ab, daß die Erkenntnisse von U. SCHMOLL über die Wiedergabe der Nasale *m* und *n* (Zeitschrift für Vergleichende Sprachforschung 76 [1960] 280–295) verwertet sind und in der zweitletzten Zeile das dritte Wort *śa* gelesen wird. GÓMEZ-MORENOS Lesung *śaba* ist nach der bei B. TARACENA, HE. I,3 (1954) 296 veröffentlichten Photographie und nach der offenbar sehr sorgfältigen Zeichnung in der Erstpublikation (F. FITA, Boletin de la Real Academia de Historia 2 [1882–83] 35) evident falsch: J. UNTERMANN, FS. Pokorny (1967) 285 Anm. 32.

²⁶ Versucht von A. TOVAR, Emerita 16 (1948) 75–91 = Estudios (1949) 168–183; vorsichtiger LEJEUNE, Celtiberica l. c. (Anm. 24) 98–101; vgl. auch J. GIL, Habis 8 (1977) 172–174.

²⁶ᵃ A. TOVAR, zuletzt Sprachen und Inschriften (s. Anm. 24) 141f., M. LEJEUNE, l. c. (Anm. 24) 60, 100, U. SCHMOLL, l. c. (Anm. 24) 39 Anm. 2, mit insgesamt fünf verschiedenen etymologischen Deutungsvorschlägen.

²⁷ Zu *śa* s. oben Anm. 25; *śtan* als Pronomen angesehen von LEJEUNE und SCHMOLL, als Verbum von TOVAR.

²⁸ MLH. I (1975) 264–267.

²⁹ Zur Steininschrift aus Ibiza (Karte 3): M. GÓMEZ-MORENO, Suplemento l. c. (Anm. 18) 330, A. TOVAR, Cuadernos de Historia Primitiva 5 (1950) 68–70, M. LEJEUNE, l. c. (Anm. 24) 108; vgl. auch Anm. 75. Zur Tessera aus Paris: LEJEUNE ibid. 65–69.

³⁰ Das sogenannte 'gentilitas'-Formular: zuerst A. TOVAR, Boletín del Seminario de Estudios de Arte y Arqueología de Valladolid 13 (1946/47) 21–35 = Estudios (1949) 96–118; vollständige Bearbeitung von M. L. ALBERTOS FIRMAT, Organizaciones suprafamiliares en la Hispania Antigua (= Studia Archaeologica. 37), Valladolid 1975; dazu M. FAUST, Coloquio Tübingen (1976) 435–452.

³¹ Der Nominativ *letonto* kehrt auf der Bronzeinschrift aus Botorrita (s. Anm. 63) wieder; zu den Flexionsendungen: J. UNTERMANN, FS. Pokorny (1967) 284f.

³² Münzen mit *belikiom* (Genitiv Plural?) und *belikio* (Genitiv Singular?): MLH. I (1975) 255f.; *belaiśkom* als selbständige Legende, MLH. I, 304f., und abgekürzt zu *bel.* als Epitheton b. Einwohnernamen *kontebakom* zum Ortsnamen *Contrebia*, MLH. I, 296f.

³³ Zur komparatistischen Einordnung des Keltiberischen: A. TOVAR, Kratylos 3 (1958) 1–4, und in: Kolloquium Bonn (1976) 46–49, M. LEJEUNE, FS. Tovar (1972) 265–271, K. H. SCHMIDT, Coloquio Salamanca (1974) 329–342; zu den Verbalformen W. MEID, Die indogermanischen Grundlagen der altirischen absoluten und konjunkten Verbalflexion. Wiesbaden 1963, 82, 86–88.

³⁴ Vollständige Publikationen von Inschriften und grammatische Bearbeitungen: G. B. PELLEGRINI und A. L. PROSDOCIMI, La lingua venetica. 2 Bände, Padua 1967, M. LEJEUNE, Manuel de la langue vénète, Heidelberg 1974. Laufende Berichte innerhalb der Rivista di epigrafia italica (s. Anm. 12). Kürzere Zusammenfassungen: M. LEJEUNE, Les inscriptions vénètes (= Univ. degli Studi di Trieste. Facoltà di Lettere e Filosofia). Udine 1965, J. UNTERMANN, RE. Suppl. XV (1977 [1978]) 855–898, A. L. PROSDOCIMI, LDIA. (1978) 257–380, E. PULGRAM, l. c. (Anm. 11) 43–63. – Die Inschriften werden nach PELLEGRINI – PROSDOCIMIS Ausgabe zitiert durch Siglen für die Fundorte (Es = Este, Vi = Vicenza, Ca = Lagole di Calalzo [Cadore]) und Nummern.

³⁵ A. L. PROSDOCIMI, Memorie della Accad. Patavina, Classe di Scienze morali, lettere ed arti. 78 (1965–66 [1967]) 549–590; LDIA. (1978) 267–270.

³⁶ J. UNTERMANN, Die venetischen Personennamen. 2 Bände, Wiesbaden 1961; kurze Darstellungen: M. LEJEUNE, Memorie della Accad. Patavina, Classe di Scienze morali, lettere ed arti. 78 (1965–66 [1967]) 523–536, A. L. PROSDOCIMI, Studi Etruschi 40 (1972) 232–245.

[37] Auf venetischen Votivinschriften sind nur weibliche Gottheiten bezeugt; zur venetischen Religion vgl. A. L. PROSDOCIMI, in: Storia delle religioni. Hsg. von G. C. CASTELLANI, II, Turin 1971, 677–683, J. UNTERMANN, l. c. (Anm. 34) 893–898.

[38] Deutungsversuche: A. L. PROSDOCIMI, Atti dell'Istituto Veneto 127 (1969) 123–183, M. LEJEUNE, Revue des Études Latines 49 (1971) 78–102.

[39] Die Wortfolge *enogenes vilkenis* erfüllt alle formalen Bedingungen, die an eine zweigliedrige Personenbenennung zu stellen sind; wenn man die Deutung von *donasan* als Verbum in der 3. Person-Plural anerkennt, muß neben dieser einen Benennung eine zweite gesucht werden, diese *könnte* zwar eine andere Struktur haben, wahrscheinlicher ist aber, daß zwei nebeneinander genannte Personen ihre Namen im gleichen Formular zeigen; in der Tat kann *alkomno ōn*-Variante eines Individualnamens auf *-mno-* sein (J. UNTERMANN, l. c. [Anm. 36] I 99, 108) und dann liegt es nahe, *metlonšikos* als Nachnamen auf *-iko-* damit zu verbinden, also eine weitere zweigliedrige Benennung herzustellen.

[40] M. LEJEUNE, l. c. (Anm. 38) 91, hält den aus der Sprachvergleichung zu erschließenden Diathesenunterschied für irrelevant und verweist auf homerisch φάτο neben ἔφαν: die grammatische Freizügigkeit einer metrisch gebundenen Kunstsprache sollte aber nicht ohne sorgfältige Prüfung auf die technische Prosa einer anderen Sprache übertragen werden.

[41] Deutungsversuche: A. L. PROSDOCIMI, Archivio Glottologico Italiano 57 (1972) 97–134, M. LEJEUNE, Manuel (Anm. 34) 224f.; beide gehen davon aus, daß es sich um einen Grabstein handelt.

[42] LEJEUNE und PROSDOCIMI deuten *vinetikaris* auf völlig verschiedene Weise und sind sich einig darin, daß *olialekve* eine zusammengesetzte Konjunktion (wie gr. ἄλλως τε) sein könnte.

[43] PROSDOCIMI: Kausativ *ati-st-ei(e)-t(i)* (ohne Anhalt in anderen indogermanischen Sprachen); LEJEUNE: thematisierter Präsensstamm *ati-st-e-i*, Endung der 3. Person-Singular wie im Griechischen, erweitert durch eine zweite, 'übercharakterisierende' Endung *-t(i)*.

[44] Zuerst H. KRAHE, Das Venetische (= Sitzungsberichte der Heidelberger Akad., Phil.-hist. Klasse. 1950, 3). Heidelberg 1950, ähnlich W. PORZIG, in: Indogermanica, Festschrift für W. Krause. Heidelberg 1960, 172–175, E. POLOMÉ, in: Ancient Indo-European Dialects, hsg. von H. BIRNBAUM und J. PUHVEL, Berkeley 1966, 59–76, M. LEJEUNE, Manuel (s. Anm. 34) 163–173. – Dies ist sicher dahingehend einzuschränken, daß die venetische Sprache in ihrem Gebiet am Rand von Italien Gemeinsamkeiten mit den alten mittelitalischen Sprachen ausgebildet hat, und zwar in der Namengebung (J. UNTERMANN l. c. [Anm. 36] 70–72, 87–89), in lautgeschichtlichen Vorgängen (J. UNTERMANN, Word 24, 1968, 482–486) und in einigen lexikalischen Übereinstimmungen (J. UNTERMANN l. c. [Anm. 34] 875–878). Eine besondere genetische Verwandtschaft mit dem Lateinischen (M. S. BEELER, The Venetic Language, Berkeley 1940, und in FS. Niedermann [1956] 38–48) ist damit wohl nicht zu begründen.

[45] Zitiert nach J. WHATMOUGH, in: PID. (1933). Neue Zusammenstellung der Inschriften bei A. MANCINI, Studi Etruschi 43 (1975) 249–306; viele Neufunde und verbesserte Publikationen bekannter Inschriften, z. B. G. B. PELLEGRINI, Archivio del Alto Adige 45 (1951) 303–329, 48 (1954) 429–431, E. VETTER, Anzeiger der phil.-hist. Klasse der Österreichischen Akad. 1959.24, 384–398, A. L. PROSDOCIMI, in: Studien zur Namenkunde und Sprachgeographie, Festschrift für K. Finsterwalder (= Innsbrucker Beiträge zur Kulturwissenschaft). Innsbruck 1971, 19–29; zu den Inschriften aus der Val Camónica: A. L. PROSDOCIMI, Studi Etruschi 33 (1965) 575–599. Zusammenfassend: M. G. TIBILETTI BRUNO, LDIA. (1978) 209–255.

[46] K. M. MAYR, Der Schlern 27 (1953) 365f.; A. MANCINI, l. c. (Anm. 45) 298f.

[47] J. UNTERMANN, Beiträge zur Namenforschung 10 (1959) 83–87.

[48] Zur vergleichenden Beurteilung der Sprache der 'rätischen' Inschriften zuletzt E. RISCH, Jahrbuch der Schweizerischen Gesellschaft für Ur- und Frühgeschichte 55 (1970) 127–134, G. BONFANTE, Convegno Roma (1977) 205, 210f. und M. G. TIBILETTI, l. c. (Anm. 45).

⁴⁹ Angesichts der genauen Übereinstimmung der Schrift und des epigraphischen Stils besteht kein Zweifel, daß die Auftraggeber des in Todi gefundenen Steins aus der Gegend um Mailand stammten und nur als Durchreisende oder kurzfristig Ansässige in Umbrien weilten (vgl. auch Anm. 75).

⁵⁰ Zu den *Lepontii* und zur Benennung der Inschriftengruppe zuletzt M. LEJEUNE, Studi Etruschi 40 (1972) 259–270 (der eine Bezeichnung '[inscriptions] luganiennes' als empfehlenswert ansieht), M. G. TIBILETTI BRUNO, LDIA. (1978) 162–164; zur Bezeichnung 'kelto-ligurisch' oder 'ligurisch' s. unten Anm. 61.

⁵¹ Zitiert nach J. WHATMOUGH, in PID. (1933); neue Zusammenstellungen aller Texte bei M. LEJEUNE, Lepontica (1971) 71–123 (mit ausführlichen Kommentaren) und F. GRANUCCI, Studi Etruschi 43 (1975) 224–248; zu wichtigen Neufunden vgl. M. G. TIBILETTI BRUNO, Rendiconti dell'Istituto Lombardo 100 (1966) 279–319, A. L. PROSDOCIMI, Studi Etruschi 35 (1968) 199–222. – Zur Sprache: M. LEJEUNE, Lepontica (1971), M. G. TIBILETTI BRUNO, LDIA. (1978) 131–154, 164–171. – Zu den Personennamen: J. UNTERMANN, Beiträge zur Namenforschung 10 (1959) 87f., M. LEJEUNE, Lepontica (1971) 48–70, M. G. TIBILETTI BRUNO, LDIA. (1978) 180–182.

⁵² V. PISANI, Le lingue dell'Italia antica oltre il Latino. 2. Auflage, Turin 1964, 285f., M. G. TIBILETTI BRUNO, Archivio Glottologico Italiano 54 (1969) 182–191, M. LEJEUNE, Lepontica (1971) 95f.; wieder anders K. H. SCHMIDT, Zeitschrift für celtische Philologie 33 (1974) 330.

⁵³ Briona: PID. 337, M. LEJEUNE, FS. Niedermann (1956) 206–215, Lepontica (1971) 39–41; dazu V. PISANI, l. c. (Anm. 52) 331, M. G. TIBILETTI BRUNO, LDIA. (1978) 155f., C. DE SIMONE, in: Galli e l'Italia ([Ausstellungskatalog] hsg. von P. SANTORO). Rom 1978, 267f. – Todi: PID. 339, M. LEJEUNE, Lepontica (1971) 29–38; dazu V. PISANI, l. c. 332f., M. G. TIBILETTI BRUNO, l. c. 158f., C. DE SIMONE, l. c. 268f. – Vercelli: M. G. TIBILETTI BRUNO, Accademia dei Lincei. Rendiconti. 31 (1977) 355–376, M. LEJEUNE, Academie des Inscriptions et Belles-Lettres. Comptes Rendus. 1977, 582–610; zur Lage der Orte s. Karte 3.

⁵⁴ Lesung nach LEJEUNE, l. c. (Anm. 53, Ende), und den von ihm, S. 590f., und von M. G. TIBILETTI BRUNO veröffentlichten Abbildungen.

⁵⁵ M. LEJEUNE, Études Classiques 3 (1968–70) 138: 'quelle que soit . . . la valeur precise de *lekatos*'; M. G. TIBILETTI BRUNO, LDIA. (1978) 156: 'riveste una carica militare romana' (den zweithöchsten Offiziersrang?).

⁵⁶ M. LEJEUNE, Lepontica (1971) 45f.

⁵⁷ So auch die beiden in Anm. 53 genannten Deutungsversuche, die darüber hinaus freilich nicht viel miteinander gemeinsam haben; M. LEJEUNE, l. c. 601f.: Ableitung von einem Ortsnamen, also Herkunftsangabe; M. G. TIBILETTI BRUNO, l. c. 363–367: patronymisches Adjektiv zu einer Beamtenbezeichnung.

⁵⁸ Ähnlich, aber komplizierter und syntaktisch noch weiter vom lateinischen Text entfernt LEJEUNE, l. c. (Anm. 53, Ende) 598f., 602–606: Dvandva-Kompositum *devo-gdonico-*, obwohl sonst dieser Kompositionstyp im Keltischen nicht sicher nachweisbar ist und obwohl die Anlautgruppe idg. *ghdh-* = griechisch $\chi\vartheta$ = altindisch *kṣ-* in den westindogermanischen Sprachen nur entweder zu *gh-* oder zu *dh-* vereinfacht vorkommt . – Ganz anders und nicht schlechter M. G. TIBILETTI BRUNO, l. c. 371, 376: *devoχto-* = lat. *devōtum* (Wurzel *$ųog^uh$-).

⁵⁹ Zur Definition des Gallischen: E. BACHELLERY, Études Celtiques 13 (1972–73) 29–59, D. ELLIS EVANS, Kolloquium Bonn (1976) 66–88; die wichtigsten älteren Zusammenfassungen: L. WEISGERBER, 20. Bericht der Römisch-Germanischen Kommission (1931) 147–226 = L. WEISGERBER, Rhenania Germano-Celtica. Bonn 1969, 11–85; J. WHATMOUGH, Harvard Studies in Classical Philology 55 (1944) 1–85.

⁶⁰ So am deutlichsten M. LEJEUNE, Lepontica (1971) 121–123, FS. Tovar (1972) 265–271; als 'paragallische' Sprache klassifiziert es G. BONFANTE. Convegno Roma (1977) 206.

⁶¹ Seit langem herrschende Lehrmeinungen sehen in den lepontischen Inschriften entweder

Quellen der ligurischen Sprache (P. KRETSCHMER, Zeitschrift für vgl. Sprachforschung 38 [1905] 97–128, V. PISANI, l. c. [Anm. 52] 280f.) oder Zeugnisse einer 'Mischsprache' aus keltischen und ligurischen Elementen (J. WHATMOUGH, PID. II [1933] 65–70, vorsichtiger G. R. SOLTA, l. c. [Anm. 17] 63f., M. G. TIBILETTI BRUNO, zuletzt LDIA. [1978] 189f.). Zum 'Ligurischen' s. aber auch unten § 6.3 mit Anm. 73.

[62] S. den Literaturbericht von H. RIX, Kratylos 8 (1963) 119–126 mit wichtigen methodenkritischen Bemerkungen.

[63] Abgesehen vom Herausgeber der Inschrift, A. BELTRÁN MARTÍNEZ, in Homenaje a D. Pio Beltrán (= Anejos de Archivo Español de Arqueologia. 7), Zaragoza 1974, 73–85, der eine Deutung mit Hilfe des Baskischen versucht hatte, sahen alle Bearbeiter darin einen keltischen Text: F. R. ADRADOS, Coloquio Salamanca (1974) 25–47, L. MICHELENA und J. DE HOZ, La inscripción celtibérica de Botorrita (= Acta Salmanticensia. Fil. y Letras. 80). Salamanca 1974, M. LEJEUNE, Academie des Inscriptions et Belles-Lettres. Comptes Rendus 1973 (1974), 622–647, A. TOVAR, Hispania Antigua 3 (1973) 367–405, Zeitschrift für celtische Philologie 34 (1975) 1–19; L. FLEURIOT, Coloquio Tübingen (1976) 169–184, K. H. SCHMIDT, Coloquio Tübingen (1976) 101–115, Bulletin of the Board of Celtic Studies 26 (1976) 375–394, Studies in Greek, Italic and Indo-European Linguistics, offered to R. L. Palmer, Innsbruck 1976, 359–371, Word 28 (1977) 51–62, J. GIL, Habis 8 (1977) 161–172. Übereinstimmungen zwischen den einzelnen Forschern beschränken sich auf Kasusendungen, Paradigmen von Pronomina und auf die Identifikation (aber nicht die Übersetzung) von Verbalformen.

[64] Zur Problematik zuletzt A. L. PROSDOCIMI, ANRW. I,2 (1972) 593–699; vgl. auch oben Anm. 11.

[65] Beachtenswerte neuere Darstellungen der indogermanischen Sprachvergleichung: L. MICHELENA, Lenguas y protolenguas (= Acta Salmanticensia. Fil. y. Letras. 17,2). Salamanca 1963, O. SZEMERÉNYI, Methodology of Genetic Linguistics, in: Enzyklopädie der geisteswissenschaftlichen Arbeitsmethoden. München 1968, 3–38, R. KATIČIĆ, A Contribution to the General Theory of Comparative Linguistics (= Ianua Linguarum. Series minor. 83). Den Haag 1970, T. BYNON, Historical Linguistics. Cambridge 1977.

[66] A. GARCÍA Y BELLIDO, HE. I,2 (1952) 526–529, 582–587, 629–631.

[67] Das steht auch im Widerspruch zu der von Strabo 3,1,6 mitgeteilten uralten Schrifttradition der Turdetaner, des wichtigsten Volksstammes im westlichen Andalusien. Man hat diese alte südwestliche Schriftkultur immer wieder mit dem Namen Tartessos zusammengebracht, mit dem sich ein noch immer nicht deutlich greifbarer Komplex von literarischen und archäologischen Zeugnissen für ein archaisches Zentrum im Bereich der Guadalquivirmündung verbindet: vgl. J. MALUQUER DE MOTES, Tartessos. Barcelona 1970, A. TOVAR, Iberische Landeskunde II,1. Baden-Baden 1974, 18–23, und die demnächst erscheinende Dissertation von M. KOCH, Untersuchungen zu Taršiš. Die wenigen Funde von Denkmälern mit südlusitanischer Schrift, die in Andalusien zutage gekommen sind, machen es diskutabel, daß in dieser Inschriftengruppe Zeugen der turdetanischen und tartessischen Schriftkultur gesucht werden können: vgl. u. a. A. TOVAR, The ancient languages (s. Anm. 18) 40–46, M. GÓMEZ-MORENO, La escritura bastulo-turdetana (s. Anm. 18) 8–11, J. MALUQUER DE MOTES, Epigrafía prelatina (Anm. 6) 95–99, TOVAR, Iberische Landeskunde (s. o.) 19 mit Anm. 11.

[68] Zu den historischen und prähistorischen Daten für die Abgrenzung der Keltiberer: M. KOCH, Coloquio Tübingen (1976) 387–420, W. SCHÜLE, ibidem 197–208.

[69] Zur Methode: J. UNTERMANN, Beiträge zur Namenforschung 7 (1956) 173–194, ibidem Neue Folge 5 (1970) 175–179, R. KATIČIĆ, in: Simpozijum o teritorijalnom i hronološkom razgraničenju Ilira u preistorijsko doba (Sarajevo 1964). Sarajevo 1964, 31–39; kritisch I. KAJANTO, Beiträge zur Namenforschung, Neue Folge 2 (1967) 3–12, L. WEISGERBER, ibidem 5 (1970) 420–424.

[70] J. UNTERMANN, Archivo de Prehistoria Levantina 12 (1969) 104–107, Karten und Belegverzeichnisse 122–161.

[71] J. UNTERMANN, l. c. (Anm. 70) 113–116, ausführlicher MLH. II (1980), Einleitung.

[72] Zur Geschichte und Abgrenzung des oberitalischen Ligurien: G. E. F. CHILVER, Cisalpine Gaul. Oxford 1941, 6f.; zu den Personennamen: J. UNTERMANN, in: Sybaris. Festschrift Hans Krahe. Wiesbaden 1958, 177–188.

[73] Zu den historischen Quellen in neuerer Zeit vor allem: N. LAMBOGLIA, Rivista di Studi Liguri 16 (1950) 50–57, G. BARRUOL, Les peuples préromains du sud-est de la Gaule (= Revue Archéologique de Narbonnaise. Supplement 1). Paris 1969, 147–157. – Zur Sprache am zuverlässigsten: U. SCHMOLL, Rivista di Studi Liguri 25 (1959) 132–138, G. R. SOLTA, l. c. (Anm. 17) 32–34, 64–66.

[74] Spanien: Verbreitungskarten bei M. L. ALBERTOS FIRMAT, l. c. (Anm. 19), und Coloquio Salamanca (1974) 70–86, und bei J. UNTERMANN, Elementos de un atlas (s. Anm. 24). – Dalmatien und Pannonien: R. KATIČIĆ, Živa Antika 12 (1962–63) 95–120, 255–292, Die Sprache 10 (1964) 23–33, l. c. (Anm. 69) 31–58, Centar za Balkanološka Ispitivanja. Godišnjak 3,1 (1965) 53–76.

[75] Arealüberschneidungen finden sich auf der Karte 3 nur im Umkreis des Etruskischen. – Die gallischen Inschriften von Todi (vgl. oben § 4.5 und 4.5.2 mit Anm. 49 und 53) und Elne (M. LEJEUNE, Revue des Études Anciennes 62, 1960, 62–79), die rätische aus Padua (G. B. PELLEGRINI – A. L. PROSDOCIMI l. c. [Anm. 34] I 310–312) und die keltiberische aus Ibiza (s. o. § 4.2 mit Anm. 29) sind von einzelnen Personen in Auftrag gegeben worden oder als Handelsgut an ihre Fundorte gelangt; zur Lage der Orte s. Karte 3.

[76] Zur Expansion der Gallier in Südfrankreich: M. LABROUSSE, Toulouse antique (= Bibliothèque des Écoles Francaises d'Athènes et de Rome. 212). Paris 1968, 86–92, M. CLAVEL, Béziers et son territoire dans l'antiquité. Paris 1970, 128–141. – Oberitalien: G. A. MANSUELLI, I Cisalpini. Florenz 1962, und in: Hommages à Marcel Renard (= Collection Latomus. 101). II, Brüssel 1969, 485–504.

[77] Zu indogermanisch *teutā in den westindogermanischen Sprachen zuletzt A. L. PROSDOCIMI, Convegno Pisa (1977) 49–71.

[78] M. G. TIBILETTI BRUNO, LDIA. (1978): takos toutas 'il giudice della città'; ganz anders M. LEJEUNE, Lepontica (1971) 40: takos Objekt zu karnitu, dann ein selbständiges Syntagma toutas['civitatis [iussu]'.

[79] Ca 24. A. L. PROSDOCIMI, La lingua venetica (s. Anm. 34) II 173f.: 'popolo, cittadinanza', M. LEJEUNE, Revue des Études Anciennes 54 (1952) 74–77, und Manuel (s. Anm. 34) 274: 'cité'. Bedenken bei V. PISANI, Le lingue dell'Italia antica (s. Anm. 52) 272.

[80] Zuletzt C. LETTA, in: E. CAMPANILE und C. LETTA, Studi sulle magistrature indigene e municipali in area italica (= Orientamenti linguistici. 11). Pisa 1979, 33–88.

Zusammenfassung der Diskussion

Herr *von Petrikovits* greift das Problem des Unterschieds zwischen Sprache und Dialekt im Allgemeinen auf und fragt insbesondere nach dem Stand der Forschung zu den 'illyrischen' Dialekten.

Untermann: Im Vortrag wurden Dialektunterschied und Sprachverschiedenheit anläßlich des Vergleichs des Lepontischen mit dem Gallischen erörtert (§ 4.5.3) und als eine bei Trümmersprachen hoffnungslose Aufgabe beschrieben. Die Beurteilung der Sprachen in den illyrischen Provinzen des Römerreichs, die man in einer vergangenen Phase der Forschungsgeschichte als 'Illyrisch' fassen zu können glaubte, ist heute wieder völlig offen und muß mit verbesserten Methoden neu angegangen werden.

Herr *Lausberg* hebt die methodische Dialektik zwischen 'Divination' und 'Skepsis' hervor, die in der Philologie häufig begegnet, und die es nicht nur bei Textruinen, sondern auch bei Sinnruinen anzuwenden gilt. Für die Aufhellung von Trümmersprachen erinnert er an eine gerade im romanischen Bereich reich fließende Quelle, die 'Substrate': die drei caesarischen Sprachräume Galliens spiegeln sich in drei verschiedenen Bezeichnungen des Schlehdorns wider (A. W. Thompson, Zeitschrift für romanische Philologie 59, 1939, 330–335).

Herr *Rothe* verweist auf die enge Verflechtung des Dialekt-Sprache-Problems mit historischen Bedingungen und politischen Programmen.

Herr *Seiler* stellte die Norm als wichtigen Faktor in der Auseinandersetzung zwischen Standardsprache und Regionaldialekten heraus. Er bestätigt und kommentiert die Schwierigkeit, eine unvollständig bekannte Sprache in allen Bestandteilen auf indogermanische Vorbedingungen zurückzuführen. Er stellt zur Debatte, ob auf der bilinguen Inschrift von Vercelli ein Singular *teu* 'dem Gott' im gallischen Text als 'kollektiver Singular' mit dem Plural *deis* in der lateinischen Version identifiziert werden könne.

Herr *Spillner* fragt nach der Rolle, die kryptographische Methoden bei der Entzifferung von Trümmersprachen spielen.

Untermann: Bei dem geringen Umfang und der Heterogenität der Texte haben sich solche Methoden, die in der Tat auf Trümmersprachen angewendet worden sind, immer wieder als unzureichend erwiesen.

Herr *Schneemelcher* macht auf die Problematik der 'weißen Flecken' auf Fundkarten für Trümmersprachen aufmerksam, und Herr *Niemeyer* erinnert daran, daß im unteren Guadalquivirbecken von antiken Autoren eine hohe Kultur mit alter Schrifttradition bezeugt ist, von der keine epigraphischen Zeugnisse auf uns gekommen sind.

Untermann: Es ist eine wichtige Aufgabe im Rahmen der Arbeit an Trümmersprachen, festzustellen, warum in bestimmten Gegenden keine Sprachzeugnisse auftreten: mancherorts wird man Analphabetismus als Grund wahrscheinlich machen können. Wo, wie in Südspanien, urbanes Leben anzunehmen ist, ist das Fehlen von Schriftdokumenten schwerer verständlich: man kann an die homerische Welt erinnern, in der die gehobenen Schichten der Bevölkerung nicht schreiben konnten oder wollten und ihren Sklaven die Führung der Archive überlassen haben. Es ist im Übrigen nicht auszuschließen, daß wir in den südlusitanischen Inschriften Reste einer turdetanischtartessischen Schriftkultur vor uns haben (s. oben § 6.1, Anm. 67).

Herr *Galsterer* betont noch einmal die historischen und sozialen Bedingungen, die den Gebrauch von Schrift und die Herstellung von Inschriften ermöglichen oder verhindern.

Additional information of this book

(Trümmersprachen zwischen Grammatik und Geschichte;
978-3-531-07245-6; 978-3-531-07245-6_OSFO1) is provided:

http://Extras.Springer.com

Additional information of this book

(Trümmersprachen zwischen Grammatik und Geschichte;
978-3-531-07245-6; 978-3-531-07245-6_OSFO2) is provided:

http://Extras.Springer.com

Additional information of this book

(Trümmersprachen zwischen Grammatik und Geschichte;
978-3-531-07245-6; 978-3-531-07245-6_OSFO3) is provided:

http://Extras.Springer.com

Additional information of this book

(Trümmersprachen zwischen Grammatik und Geschichte;
978-3-531-07245-6; 978-3-531-07245-6_OSFO4) is provided:

http://Extras.Springer.com

ABHANDLUNGEN

58	*Herbert Hesmer, Bonn*	Leben und Werk von Dietrich Brandis (1824–1907) – Begründer der tropischen Forstwirtschaft. Förderer der forstlichen Entwicklung in den USA. Botaniker und Ökologe
59	*Michael Weiers, Bonn*	Schriftliche Quellen in Moġolī, 2. Teil: Bearbeitung der Texte
60	*Reiner Haussherr, Bonn*	Rembrandts Jacobssegen
		Überlegungen zur Deutung des Gemäldes in der Kasseler Galerie
61	*Heinrich Lausberg, Münster*	Der Hymnus ›Ave maris stella‹
62	*Michael Weiers, Bonn*	Schriftliche Quellen in Moġolī, 3. Teil: Poesie der Mogholen
63	*Werner H. Hauss (Hrsg.), Münster,*	International Symposium 'State of Prevention and Therapy in
	Robert W. Wissler, Chicago,	Human Arteriosclerosis and in Animal Models'
	Rolf Lehmann, Münster	
64	*Heinrich Lausberg, Münster*	Der Hymnus ›Veni Creator Spiritus‹
65	*Nikolaus Himmelmann, Bonn*	Über Hirten-Genre in der antiken Kunst

Sonderreihe
PAPYROLOGICA COLONIENSIA

Vol. I
Aloys Kehl, Köln   Der Psalmenkommentar von Tura, Quaternio IX
                               (Pap. Colon. Theol. 1)

Vol. II
Erich Lüddeckens, Würzburg   Demotische und Koptische Texte
P. Angelicus Kropp O. P., Klausen,
Alfred Hermann und Manfred Weber, Köln

Vol. III
Stephanie West, Oxford   The Ptolemaic Papyri of Homer

Vol. IV
Ursula Hagedorn und Dieter Hagedorn, Köln   Das Archiv des Petaus (P. Petaus)
Louise C. Youtie und Herbert C. Youtie,
Ann Arbor

Vol. V
Angelo Geißen, Köln   Katalog Alexandrinischer Kaisermünzen der Sammlung des Instituts für Altertumskunde der Universität zu Köln
                               Band 1: Augustus-Trajan (Nr. 1–740)
                               Band 2: Hadrian-Antoninus Pius (Nr. 741–1994)

Vol. VI
J. David Thomas, Durham   The epistrategos in Ptolemaic and Roman Egypt
                               Part 1: The Ptolemaic epistrategos

Vol. VII   Kölner Papyri (P. Köln)
Bärbel Kramer und   Band 1
Robert Hübner (Bearb.), Köln
Bärbel Kramer und   Band 2
Dieter Hagedorn (Bearb.), Köln
Bärbel Kramer, Michael Erler, Dieter Hagedorn   Band 3
und Robert Hübner (Bearb.), Köln

Vol. VIII
Sayed Omar, Kairo   Das Archiv des Soterichos (P. Soterichos)

SONDERVERÖFFENTLICHUNGEN

Der Minister für Wissenschaft und   Jahrbuch 1963, 1964, 1965, 1966, 1967, 1968, 1969, 1970 und
Forschung   1971/72 des Landesamtes für Forschung
des Landes Nordrhein-Westfalen

Verzeichnisse sämtlicher Veröffentlichungen der Arbeitsgemeinschaft
für Forschung des Landes Nordrhein-Westfalen, jetzt:
Rheinisch-Westfälische Akademie der Wissenschaften, können beim
Westdeutschen Verlag GmbH, Postfach 300 620, 5090 Leverkusen 3 (Opladen),
angefordert werden

Lightning Source UK Ltd.
Milton Keynes UK
UKHW02f1243250618
324754UK00003B/25/P

9 783531 072456